DE LA BIB
a la vida

SABIDURÍA DIARIA
PARA
LA VIDA DE LA MUJER

PATY NAMNÚN
CHÁRBELA EL HAGE

DE LA BIBLIA
a la vida

SABIDURÍA DIARIA
PARA
A VIDA DE LA MUJER

PATY NAMNÚN
CHÁRBELA EL HAGE

B&H
ESPAÑOL
BRENTWOOD, TENNESSEE

De la Biblia a la vida: Sabiduría diaria para la vida de la mujer

Copyright © 2023 por Paty Namnún y Chárbela El Hage
Todos los derechos reservados.
Derechos internacionales registrados.

B&H Publishing Group
Brentwood, TN 37027

Diseño de portada e ilustración: B&H Español

Director editorial: Giancarlo Montemayor
Editor de proyectos: Joel Rosario
Coordinadora de proyectos: Cristina O'Shee

Clasificación Decimal Dewey: 248.843
Clasifíquese: MUJERES / VIDA CRISTIANA

A menos que se indique de otra manera, las citas bíblicas marcadas LBLA se tomaron de LA BIBLIA DE LAS AMÉRICAS, © 1986, 1995, 1997 por The Lockman Foundation. Usadas con permiso.

Las citas bíblicas marcadas NTV se tomaron de la Santa Biblia, Nueva Traducción Viviente, © Tyndale House Foundation, 2010. Usado con permiso de Tyndale House Publishers, Inc., 351 Executive Dr., Carol Stream, IL 60188, Estados Unidos de América. Todos los derechos reservados.

ISBN: 978-1-0877-6866-3

Impreso en EE. UU.
1 2 3 4 5 * 26 25 24 23

TABLA DE CONTENIDO

Apéndice:

Introducción

Todas necesitamos sabiduría en nuestras vidas. Estamos en constante movimiento, nuestras mentes no descansan y nuestros corazones necesitan ser guiados a la verdad todo el tiempo. Día tras día nos encontramos tomando decisiones en medio de cada una de las relaciones que tenemos y en muchas ocasiones, no sabemos cómo actuar de una manera que honre al Señor.

En medio de esta realidad, necesitamos la sabiduría que viene de lo alto, aquella que encontramos revelada en las Escrituras. La Biblia misma nos enseña que aquel que adquiere sabiduría ama su alma (Prov. 19:8) y nos llama a inclinar nuestro corazón a ella (Prov. 2:2).

Pero, ¿qué es sabiduría? Algunos piensan que la sabiduría es astucia para hacer las cosas, otros entienden que es igual a mucho conocimiento, pero la sabiduría va mucho más allá de estos aspectos.

De manera fundamental, la sabiduría tiene que ver con obedecer las ordenanzas que claramente encontramos en las Escrituras. Por ejemplo, la Biblia nos llama a no cometer adulterio (Ex. 20:14). Nos llama a hablar verdad unos a otros (Ef. 4:15) y a no codiciar (Rom. 13:9). Entonces, sabiduría implicaría conocer la manera en que la Biblia nos llama a vivir y responder en obediencia en cada situación de nuestra vida.

También implica tomar el camino correcto, la decisión correcta cuando no hay leyes claras en la Palabra que me digan explícitamente qué hacer. Por ejemplo, tenemos la historia de las dos mujeres que fueron delante del rey Salomón diciendo que un mismo bebé era de ambas. En medio de una circunstancia como esa, Salomón aplicó sabiduría y su respuesta lo llevó a descubrir quién era la madre real (1 Rey. 3:16-18).

Si tomamos estas dos áreas en cuenta, podríamos decir que la sabiduría es ver las cosas con la perspectiva de Dios y entonces actuar según ese conocimiento de manera oportuna.

Pero un conocimiento como ese no es algo que se produce en nosotras de la noche a la mañana. La Biblia nos enseña que la sabiduría viene de Dios.

Proverbios 2:6 nos dice: «Porque el Señor da sabiduría, de Su boca vienen el conocimiento y la inteligencia». Tú y yo necesitamos entender que la fuente de la sabiduría no está en nosotras, no se trata de nuestras experiencias o nuestras propias ideas. La fuente no es nuestro corazón; la sabiduría viene de Dios y es por esa razón que Él mismo nos dice en Santiago 1:5 que todo aquel que esté falto de sabiduría la pida con fe y Él la dará abundantemente y sin reprochar.

La Biblia también nos enseña que el principio de la sabiduría es el temor del Señor (Sal. 111:10). Este temor del que la Biblia nos habla no es terror al Señor, no es miedo a ir delante de Él. El temor al Señor que es el principio de la sabiduría es una actitud del corazón que nos lleva a ser sinceras delante de Él, a tener la humildad para ser instruidas por Él (Prov. 15:33). El temor del Señor es tener la disposición del corazón y la respuesta de volvernos del mal y cambiar. El temor del Señor es someternos a Su voluntad. Es el reconocimiento de que estamos delante de Aquel que es la sabiduría y que es digno de toda adoración y de vidas rendidas delante de Él.

Temer al Señor y obtener sabiduría requiere que conozcamos las Escrituras, porque el Dios a quien necesitamos conocer ha decidido revelarse en ellas. A través de Su Palabra, podemos conocer a Jesús, Aquel de quien trata toda la Escritura, ese a quien nuestras vidas necesitan conocer y amar para tener sabiduría. Porque la sabiduría no es mero conocimiento, no es teología; la sabiduría es una persona y Su nombre, que es sobre todo nombre, es Jesús, en quien están escondidos todos los tesoros de la sabiduría y el conocimiento (Col. 2:3).

Este libro tiene la intención de tomarte de la mano y guiarte a la fuente de sabiduría. Queremos que a través de cada página puedas encontrar la sabiduría de las Escrituras para tu relación con el Señor, las tentaciones que enfrentas, tu mundo interior y tus demás relaciones. Y que, entonces, en el poder del Espíritu de Dios, puedas responder en obediencia y fe a cada una de Sus verdades para poder vivir de la Biblia a la vida.

Capítulo 1

La mujer y su Dios

Desde el principio, Dios nos diseñó para vivir en comunidad. Comunidad vertical en nuestra relación con Dios y comunidad horizontal en nuestra relación unos con otros.

Es por esto que una de las cosas que como mujeres nos caracteriza es nuestro deseo de conectar. Nos encanta relacionarnos. Usualmente, nuestras conversaciones se miden en términos de relaciones, nuestras mayores preocupaciones tienen que ver con relaciones y la mayor parte de nuestro tiempo se invierte en aquellos con los que tenemos un lazo emocional.

Nos encanta compartir con otros, pero en general, aquellos con los que tenemos una relación comparten nuestros intereses, piensan como nosotras y nos hacen sentir bien. Pero cuando hablamos de alimentar una relación con alguien que nos ha herido o nos ha traicionado profundamente, las cosas se vuelven más difíciles, ¿no es cierto?

Aunque esto es una realidad en nuestras relaciones horizontales, nuestra relación con Dios no funciona de esa manera. A pesar de que en nuestra dinámica con Dios nosotras somos las traidoras, las que hemos fallado, las que hemos pecado, Dios quiere relacionarse con nosotras, y esto es algo que vemos desde el principio.

Desde Génesis, vemos un Dios que vive en perfecta armonía consigo mismo y aun así, Su amor lo mueve a crear. El perfecto Dios transformó el caos y la oscuridad en orden y luz.

Con el poder de Su Palabra, el mundo fue traído a existencia, y todo lo que Él creó era bueno. Sin embargo, no había terminado, porque en Su plan siempre estuvo el crear a seres humanos a Su imagen; personas que pudieran disfrutar de Su misma presencia en todo tiempo.

Entonces, Dios creó a Adán y Eva, y ellos vivían en perfecta relación con Él. Pero un día, ellos fueron engañados y creyeron la idea de que en vez de vivir en relación y sujeción a este buen Dios, era mejor vivir bajo sus propios términos, queriendo ser iguales a Él (una historia no muy diferente hoy, ¿no es cierto?). Entonces, entró el pecado, esa relación armoniosa fue quebrantada y Adán y Eva fueron echados de la presencia de Dios.

Pero Dios quería relacionarse con Su pueblo, y Su amor lo llevó a poner en marcha Su perfecto plan para nuestra reconciliación. Un día, ese mismo Dios se hizo hombre y pagó el precio por nuestra reconciliación; precio que le costó Su vida misma, pero Su entrega fue suficiente para poder tener a los suyos con Él por siempre en una relación en la que no solo Él estaría con nosotras sino que habitaría en nosotras.

Jesús es el Dios que quiere estar cerca. Él es el que quiere relacionarse con nosotras. Para mi vida, esta es una de las verdades más extraordinarias. Porque yo mejor que nadie conozco la condición de mi corazón. Conozco lo oscuro de mis pecados y sé que Él los conoce mejor que yo.

> Oh SEÑOR, Tú me has escudriñado y conocido.
> Tú conoces mi sentarme y mi levantarme;
> Desde lejos comprendes mis pensamientos.
> Tú escudriñas mi senda y mi descanso,
> Y conoces bien todos mis caminos.
> Aun antes de que haya palabra en mi boca,
> Oh SEÑOR, Tú ya la sabes toda.
> Por detrás y por delante me has cercado,
> Y Tu mano pusiste sobre mí.
> Tal conocimiento es demasiado maravilloso para mí;
> Es muy elevado, no lo puedo alcanzar. (Sal. 139:1-6)

Jesús nos conoce, y aun así nos ama. Nos conoce y aun así cargó con cada uno de nuestros pecados. Nos conoce, y aun así quiere relacionarse con nosotras. Esto nos da un aliento de gran esperanza.

Nuestra vida como creyentes se vive en el contexto de una relación. La relación más importante. La que determina cada una de nuestras demás relaciones y marca el ritmo de todas las áreas de nuestra vida. El Dios santo, santo, santo, ha decidido acercarse a nosotras en Jesús.

El Dios eterno e inmortal, el alto y sublime, aquel que habita en luz inasequible, se acercó en Jesús, Aquel que dejó Su gloria para restaurar la relación que nosotras mismas habíamos dañado.

La obra de Jesús a nuestro favor es una gran evidencia del Dios que nos quiere cerca. A veces tenemos la tendencia de pensar que Dios es como un

Padre lejano que simplemente nos tolera. Uno que ve nuestros pecados y los aguanta porque no tiene otra opción, pero que realmente no le importa tener una relación con nosotras. Pensamos en un Dios cuya salvación fue solo un proceso transaccional donde no existe el propósito de una relación. Pero la realidad es completamente diferente.

El perdón de Dios a través de la obra de Cristo sienta las bases para nuestra reconciliación. El propósito principal del perdón de Dios es la restauración de la comunión (Rom. 5:10). Nadie es perdonado por Dios sin ser reconciliado con Él.

Imagina que tienes una deuda con tus padres, una deuda significativa que no puedes pagar. Y tus padres toman la decisión de perdonar tu deuda. No tienes que pagarles un centavo de lo que les debes, pero entonces ellos te dicen: «Te perdonamos la deuda, pero no queremos volver a verte más», o: «No tienes que pagarnos, pero no puedes volver a llamarte nuestra hija»... ¡Qué doloroso sería! Si sería doloroso con nuestros padres terrenales, imagina lo que sería si viniera de nuestro Padre celestial.

Bendito sea nuestro Dios porque eso no es lo que Él hace. Él nos remueve la culpa y nos reconcilia. Paga nuestra deuda y nos llama hijas. Glorioso perdón de nuestro Dios que sienta las bases para nuestra reconciliación con Él.

Mi querida amiga, si has sido perdonada por Dios, tu estado de reconciliación con Él es eterno. No hay nada que pueda quitarte tu condición de hija, ni siquiera tú misma. Tu condición de reconciliada no la perderás jamás, y esto no por ti, sino por la obra de gracia del Padre a través de Jesús. Tu relación con Él está segura en Cristo.

RECONCILIADAS POR FE

Hace ya varios años, el Señor nos dio la oportunidad a mi esposo y a mí de adoptar a nuestros tres hijos, y desde ese momento, nuestras vidas fueron selladas para siempre por una relación de amor. En nuestro caso, la adopción fue el medio que nos convirtió en padres. Fue el vehículo que nos llevó a la condición de padres que tenemos hoy.

En nuestra vida como creyentes, hay un vehículo que nos lleva a entrar en esa relación con el Dios del universo, y es la fe en Cristo Jesús.

Porque por gracia ustedes han sido salvados por medio de la fe, y esto no
procede de ustedes, sino que es don de Dios; no por obras, para que nadie se
gloríe. (Ef. 2:8-9)

El mundo en el que vivimos es motivado por falsas ideas: «No hay nada que no puedas lograr», «En ti está todo lo que necesitas», «Finge hasta que lo logres». Pero la realidad bíblica es muy diferente a cada una de estas ideas que proponen que lo único que necesitamos está en nosotras. La Biblia nos enseña que nuestras obras jamás podrán salvarnos. El pecado nos ha hecho incapaces de agradar a Dios por nuestra cuenta.

Aun en nuestros mejores días, con lo que llamamos nuestras mejores intenciones y ejerciendo nuestros mejores esfuerzos, nos quedamos horriblemente cortas ante el estándar santo de Dios. Nuestro pecado demanda justicia y aun nuestras mejores obras jamás podrán ganarla. Por eso Dios envió a Su Hijo. Jesús cumplió con el estándar de Dios y pagó la deuda por nuestro pecado con Su propia vida.

Ahora, Dios no nos pide que nos esforcemos para agradarle. Dios pide de nosotras fe.

Ahora bien, *fe* es un término muy utilizado en estos días, pero muchas veces con un entendimiento incorrecto o nulo de lo que significa. La fe es mucho más que un reconocimiento intelectual de las verdades del cristianismo. Fe no es simplemente decir: «Yo creo eso», y que eso que afirmo creer no haga ninguna diferencia en mí. La fe es la total y absoluta confianza en la obra de otro a mi favor, la obra de Cristo.

Una historia de un suceso de hace muchos años podría ayudarnos a entender esta realidad:

> *Durante la década de 1900, Jean Francois Gravalet, más conocido*
> *por su nombre artístico, Blondin, fue un acróbata de fama mundial.*
> *Nacido en Francia en 1824, Blondin se hizo famoso cuando aún era un niño.*
> *A medida que crecía, su habilidad y talento para el espectáculo*
> *le dieron fama en toda Europa y América. Una vez en Londres,*
> *tocó el violín en una cuerda floja a 51 metros (170 pies) del suelo y luego dio*
> *un salto mortal con zancos. Sus hazañas más espectaculares fueron los cruces*
> *de las Cataratas del Niágara en una cuerda floja de 335 metros*
> *(1100 pies) de largo y casi 50 metros (160 pies) sobre el agua.*

En otra ocasión, empujó una carretilla con los ojos vendados
y en otro momento, se puso de cabeza sobre el precario alambre.

Una vez, en una demostración inusual de habilidad, Blondin llevó
a un hombre, su propio representante, a través de las Cataratas
del Niágara sobre su espalda. Mientras Harry Colcord estaba agarrado
a su espalda, Blondin le dio a su representante las siguientes instrucciones:
«Mira hacia arriba, Harry... ya no eres Colcord, eres Blondin.
Hasta que despeje este lugar, sé parte de mi mente, cuerpo y alma.
Si me balanceo, balancéate conmigo. No intentes equilibrarte tú mismo.
Si lo haces, ambos iremos a nuestra muerte».[1]

Nuestra salvación requiere la fe que confía plenamente en la obra de otro a nuestro favor. No hay nada que podamos hacer.

Fe es abandonar nuestra propia justicia, nuestros propios intentos de equilibrarnos en la cuerda floja y confiarle la esperanza de nuestra alma a la vida, muerte y resurrección de Jesús. Confiar en Su rectitud y no la mía. Es la obra de Cristo que nos salva. Por gracia tenemos salvación, por medio de la fe.

Pero la fe no es necesaria solamente para nuestra salvación. Nuestra vida como hijas de Dios en una relación con Cristo se vive por fe.

El autor Paul Tripp dijo: «Es necesario que sepamos que la fe no es solamente una acción de nuestro cerebro. Es una inversión de nuestra vida. La fe no es solo algo que pensamos; es algo que vivimos[2]».

Porque por fe andamos, no por vista. (2 Cor. 5:7)

Y sin fe es imposible agradar a Dios. Porque es necesario que el que se acerca a Dios crea que Él existe, y que recompensa a los que lo buscan. (Heb. 11:6)

La fe nos mueve. Es un estilo de vida que requiere que yo crea que Dios es real, que es todo lo que dice ser, que cumple cada una de Sus promesas y que entonces mi vida se corresponda con cada una de esas verdades. Que la manera en la que vivo refleje la realidad del Dios en quien he decidido poner mi confianza. Una vida con esa clase de fe podría lucir de esta manera:

---

1. Abbott, Karen. *The Daredevil of Niagara Falls*. 2011. https://www.smithsonian-mag.com/history/the-daredevil-of-niagara-falls-110492884/
2. Tripp Paul. *40 Days of Faith*, Crossway, 2020, pág. 8.

- Si creo que Él es dueño y Señor, viviré y usaré todo lo que tengo de acuerdo a Sus planes.

- Si creo que Él es soberano, no hay lugar para ser dominada por el temor y la ansiedad porque Él gobierna.

- Si creo que Él es todopoderoso, no hay nada que deje de llevar delante de Él en oración.

- Si creo que solo Él satisface, no ando continuamente buscando saciar mi sed en aguas contaminadas.

- Si creo que Él es digno, invierto todo lo que soy en servirlo.

- Si creo que Él sabe lo que es mejor, abrazo Sus planes aun en medio de la aflicción.

- Si creo que Él es el Consolador por excelencia, correría a Él en medio de mi dolor.

La fe en Él nos mueve. Muchas veces, nuestro problema en medio de nuestras luchas con el pecado y la manera en la que enfrentamos las adversidades no es que no conocemos las verdades de quién es Dios y Su gran fidelidad para cumplir Sus promesas. Nuestro problema es que no le creemos. Nuestro problema es que no estamos dispuestas a depositar nuestra confianza en Él.

Y la realidad es que la fe que nos mueve no es natural para nosotras. La duda, la culpa, nuestro deseo de control, la envidia a otros, la manipulación, la ansiedad por lograr cambiar nuestras circunstancias, el temor, eso sí nos es natural.

En medio de esta realidad, necesitamos de Su gracia para poder tener fe. Efesios 2 nos enseña que la fe es un regalo de Dios. Por gracia, Dios abre nuestros ojos para creer en Jesús y tener salvación, pero no se detiene ahí.

Esa misma gracia sigue operando y Dios sigue obrando en nosotras por medio del poder que levantó a Cristo de entre los muertos para que aun en medio de nuestra incredulidad, en medio de esos momentos donde la fe no es aquello que nos mueve, podamos clamar a Él: «Creo, ayúdame en mi incredulidad» (Mar. 9:24). Y allí en nuestro clamor, encontraremos a nuestro buen Salvador compadeciéndose de nuestras debilidades y dándonos la fe que necesitamos.

UNA RELACIÓN QUE NOS MUEVE A CAMBIAR

Todas necesitamos crecer. Llegar a Jesús por gracia, por medio de la fe, y entrar en una relación con Él implica el inicio de una nueva vida, y toda nueva vida crece.

La misma Biblia nos dice:

> *Antes bien, crezcan en la gracia y el conocimiento*
> *de nuestro Señor y Salvador Jesucristo... (2 Ped. 3:18)*

> *Más bien, al hablar la verdad en amor, creceremos en todos los aspectos*
> *en Aquel que es la cabeza, es decir, Cristo. (Ef. 4:15)*

Nuestra necesidad de crecer no solo la vemos en las Escrituras. Aun en nuestro propio corazón, sabemos que es algo que debe ocurrir en nosotras y que deseamos. La pregunta que nos hacemos entonces no es si necesitamos crecer, sino cómo crecemos.

Algunos piensan que el crecimiento ocurre en términos de qué tanta mejoría externa mostramos, y esa mejoría viene del cumplimiento externo de las ordenanzas dadas por Dios. En resumidas cuentas, si quiero crecer, necesito una lista de normas para obedecer. Otros creen que el crecimiento se da principalmente en la medida en la que añado más conocimiento. Mientras más teología, más transformación. Mientras más Biblia, más cambio. Y otros piensan que el cambio se produce a través de experiencias. Momentos específicos que mueven nuestros afectos, que nos llevan a sentir de una manera más profunda al Señor.

Definitivamente, cada uno de estos aspectos es parte de nuestro proceso de transformación. Pero no es solo obediencia, no es solo intelecto, no es solo experiencia. Crecer en Jesús se da en el contexto de una relación.

Obediencia sin relación me convierte en farisea.
Conocimiento sin relación me envanece.
Experiencia sin relación me vuelve inconstante.

Cada uno de estos elementos opera en nuestro proceso de transformación en el contexto de nuestra relación con Jesús y en la medida en la que nuestro amor por Él abunda más y más.

Como veíamos al principio del capítulo, Dios quiere relacionarse con nosotras. La relación que Dios mismo establece con nosotras al hacernos Sus hijas cuando ponemos nuestra fe en Cristo tiene un impacto trascendental en nuestras vidas como creyentes, y de manera especial, en nuestro crecimiento conforme a la imagen de Cristo.

Ahora bien, vale la pena resaltar que nuestro crecimiento no es algo que podemos producir. Sin duda alguna, estamos involucradas en el proceso, pero es Dios quien da el crecimiento:

> *Yo planté, Apolos regó, pero Dios ha dado el crecimiento.*
> *Así que ni el que planta ni el que riega es algo, sino Dios,*
> *que da el crecimiento. (1 Cor. 3:6-7)*

Hay momentos en los que, como toda madre sentimental, comienzo a ver fotos y videos de mis hijos cuando eran más pequeños y, en esos momentos, me doy cuenta de cuánto han crecido, lo diferente que hablan y aun las cosas que antes hacían pero que ya han dejado de hacer. Cuando me doy cuenta de esta realidad, también veo cómo su crecimiento no fue algo que yo produje en absoluto. Si bien es cierto que mi labor como madre es cuidar de ellos y proveerles de todo lo que Dios me ha llamado a darles, no es menos cierto que no hay nada que yo pude haber hecho para hacerlos crecer.

Dios es quien produce el crecimiento en nosotras. Crecer en Cristo no es algo que producimos al volverlo nuestro enfoque. Es algo que Dios va produciendo en nuestras vidas en la medida en que vamos teniendo comunión con Él.

Nuestro crecimiento como creyentes es un efecto natural de nuestra comunión con Cristo y amor por Él. Nuestra meta no es ir detrás del crecimiento; nuestra meta es buscar con intencionalidad conocer más a Jesús para amarlo más, y en la medida en la que hacemos eso, Dios va produciendo el crecimiento en nosotras.

El Salmo 34:8 nos dice: «Prueben y vean que el SEÑOR es bueno. ¡Cuán bienaventurado es el hombre que en Él se refugia!». David pudo haber dicho: «Crean que Dios es bueno». Sin lugar a dudas, debemos creer que Dios es bueno, pero David no está buscando aquí afirmar un punto doctrinal, sino que nos está invitando a probar.

¿CUÁL ES LA DIFERENCIA?

Bueno, yo podría contarte sobre lo delicioso que es el pan. Puedo contarte cómo luce, la variedad de panes que existen, lo suave que puede ser y lo delicioso que es un pan que acaba de salir del horno. Puedo enseñarte videos de cómo hacerlo y montones de recetas con las que puede ser usado. Después de haberte dicho todo esto, si nunca has probado el pan, puede que creas que es delicioso, pero ¿genuinamente lo sabes?

La única manera en la que podrás saber lo delicioso que es el pan es si lo pruebas por ti misma; todo lo demás es información de segunda mano. Muchas veces, vivimos con «información de segunda mano sobre Dios». Hemos escuchado sermones sobre quién es Él, sobre Sus bondades, sobre Su carácter. Quizás tus padres te han enseñado, quizás tus amigos te han contado, pero la realidad es que Dios quiere que cada una de nosotras pruebe Sus bondades, que cada una de nosotras pruebe quién es Él genuinamente.

Leer y estudiar la Palabra, tener una vida de oración vibrante y pertenecer a una comunidad de creyentes no son el lugar en el que debemos poner nuestra esperanza, aunque definitivamente esto debe ser parte de nuestras vidas como creyentes.

«Conocer y disfrutar a Jesús es el propósito de escuchar Su voz,
de que Él escuche la nuestra y de pertenecer a su cuerpo».[3]

No vamos detrás de la transformación, vamos detrás de la cercanía a Cristo, vamos detrás de intimidad con Él. La realidad es que ir detrás de la transformación pone el énfasis en nosotras, pero tener el deseo y la intención de conocer más y más a Jesús pone el foco en Él.

En 2 Corintios 3:18, leemos: «Pero todos nosotros, con el rostro descubierto, contemplando como en un espejo la gloria del Señor, estamos siendo transformados en la misma imagen de gloria en gloria, como por el Señor, el Espíritu».

En el Antiguo Testamento, cuando Moisés entró a la tienda de reunión y habló con el Señor cara a cara, experimentó una transformación física porque su rostro fue iluminado. Pero Moisés también experimentó una transformación moral al estar expuesto a la presencia de Dios, a Su revelación, a Su carácter y Su voluntad.

Hoy tú y yo podemos contemplar la misma gloria de Dios en Cristo y ser transformadas al contemplarlo, porque aquello que contemplamos nos

---

3. Mattis, David. *Growth is not the goal,* 1 de marzo de 2016. https://www.desi-ringgod.org/articles/growth-is-not-the-goal

transforma. Solamente cuando Jesús es el objeto de nuestra contemplación, vamos siendo transformadas, porque mientras más lo contemplamos, más lo amamos, y mientras más lo amamos, más seremos como Él.

Dios no quiere nuestra mera obediencia con un corazón vacío. Dios quiere que lo amemos, quiere que el amor de Cristo nos controle, porque Él sabe que cuando el amor de Jesús no es lo que domina nuestro corazón, otros amores desordenados terminan haciéndolo y nos llevan en su dirección.

Fíjate, la motivación humana más poderosa es el amor. El amor a Dios es la fuerza más poderosa contra el pecado. Si lo amamos, le obedeceremos; y lo amamos porque Él nos amó primero (1 Jn. 4:19) a través de Jesucristo. Cuando amamos a Dios, nuestras prioridades se vuelven suyas. Nuestras tentaciones no desaparecen y las reglas no cambian, pero nuestros deseos sí. En última instancia, somos controladas por lo que más amamos. El cambio real llega cuando Cristo se convierte en nuestro amor preeminente.

Quizás has estado sintiéndote frustrada durante mucho tiempo porque sientes que no creces, te sientes estancada y has estado tratando con todas tus fuerzas. Has estado poniéndote normas y un enfoque en la obediencia. Pero hoy Dios te llama a algo diferente; te llama a poner tu mirada en Su Hijo amado. Te llama a contemplarlo, a amarlo y a dejar de lado todos tus intentos de obediencia vacía.

Dios te llama hoy a que el amor de Cristo controle tu corazón, y cuando esto ocurra, tu vida será agradable a Él.

Si hoy estás ahí, te invito a poner tu mirada en el lugar correcto: conocer a Cristo y cultivar una relación con Él para amarlo cada vez más. Suelta las riendas y deja que Él haga lo que solo Él puede hacer mientras lo contemplas. Fija tu mirada en Cristo.

CÓMO VIVIR DE LA BIBLIA A LA VIDA

Usualmente, los niños se obsesionan con las cosas. Cada vez que mis hijos encuentran algunos dibujos animados que les gustan, es lo único que quieren ver una y otra y otra vez. De manera intencional, buscan verlos y están atentos a cada acción y cada palabra de sus personajes favoritos. Es tanta la atención que les prestan y la cantidad de veces que repiten lo mismo que llega un momento en el que ya saben los diálogos y qué va a suceder en cada momento. Su intencionalidad en ver y aprender aquello que les gusta marca la diferencia.

Como veíamos en la sección anterior, la Biblia nos enseña que somos transformadas en la medida en que contemplamos a Cristo. Pero algo que no quiero que pasemos por alto es que ese llamado a contemplarlo es un verbo que está en presente continuo. Mira el pasaje una vez más:

> Pero todos nosotros, con el rostro descubierto,
> contemplando como en un espejo la gloria del Señor,
> estamos siendo transformados en la misma imagen de gloria en gloria,
> como por el Señor, el Espíritu. (2 Cor. 3:18)

Contemplarlo es algo que requiere que seamos intencionales. Es algo que buscamos porque sabemos el valor de Aquel al que vamos a encontrar. Pero así como el sol siempre brilla en todo su esplendor sobre nosotras, la realidad es que no podremos verlo y ser conscientes de su brillo a menos que intencionalmente levantemos la vista para mirar y dejemos que nuestro corazón se maraville.

Nuestra contemplación debe ser intencional, y hay un lugar en el que estamos destinadas a buscar: Su Palabra. La Biblia, como muchas veces hemos visto erróneamente, no es simplemente nuestro manual de instrucciones para la vida. Yo misma había cometido el error de pensar en ella de esa manera. Ver las Escrituras meramente de esta manera nos da una visión utilitaria y centrada en nosotras mismas: voy a ella cuando la necesito, cuando quiero saber qué hacer.

Pero la Biblia, aunque sí nos enseña cómo vivir, no es un libro que se trata de mí, ni cuyo propósito principal sea enseñarme cómo vivir. La Biblia es un libro en el que Dios ha revelado Su plan de redención a través de Jesucristo. La Biblia es una sola historia que de principio a fin me muestra a Jesús.

> Comenzando por Moisés y continuando con todos los profetas,
> les explicó lo referente a Él en todas las Escrituras. (Luc. 24:27)

Luego de Su resurrección, Jesús se les apareció a dos discípulos que iban de camino a una aldea llamada Emaús. En su trayecto, Jesús les salió al encuentro, pero ellos no se dieron cuenta de que era Él, y el mismo Jesús comenzó a enseñarles cómo toda la Escritura se trataba de Él.

Imagínate lo que hubiera sido escuchar a Cristo explicando cómo el sacrificio de Isaac en Génesis 22 era un emblema de Su muerte sustitutiva por nuestros pecados. Les mostró que, cuando Abraham dijo: «Dios proveerá para sí sacrificio», estaba apuntando a Él. Les mostró cómo cada sacrificio en el libro de Levítico apuntaba a Él como un sacrificio mayor y definitivo por nuestros pecados. Cómo Él es el maná del cielo, nuestro pan de vida eterna.

Imagínate escuchar a Jesús, el Cordero mismo de Dios, mostrarles el significado mesiánico del cordero de pascua, que apuntaba a Su sufrimiento y Su sangre derramada. Cómo el tabernáculo y el templo apuntaban hacia Él, ya que Él mismo era el templo. Imagínate a Jesús llevándolos a través de Isaías 53, mostrándose a sí mismo como ese siervo sufriente que fue herido por nuestras transgresiones y sobre quien cayó el castigo por nuestra paz. O recorriendo con ellos el Salmo 22, que comienza con las palabras: «Dios mío, Dios mío, ¿por qué me has abandonado?», y luego aplicando estas palabras a la cruz.

Jesús les mostró a estos discípulos una verdad que tú y yo necesitamos entender. La Biblia no es un libro sobre nosotras, es un libro sobre Él, y a Él es a quien debo contemplar. No podemos buscar contemplarlo en ningún otro lugar que no sea donde Él mismo ha decidido revelarse.

Ahora bien, no es la simple lectura de la Biblia la que nos lleva a amarlo más y nos transforma. No es el mero conocimiento que infla cabezas y deja vacíos nuestros corazones. La Biblia nos enseña que los demonios mismos son expertos en conocimiento (Sant. 2:19). Pero, aunque conocen muy bien quién es Dios, no son verdades que los maravillen ni a las que estén dispuestos a someterse.

Los fariseos también padecían de este mal. Conocían muy bien la ley y la enseñaban, pero no vivían nada de lo que decían. Por fuera, aparentaban vidas de mucha piedad, pero sus corazones estaban muertos (Mat. 23:27). Los fariseos conocían la Ley pero no creían en aquello que conocían y, por tanto, no había en ellos una vida genuinamente moldeada por las Escrituras.

Como ya hemos mencionado, crecer en nuestra intimidad con Cristo y amarlo más mientras lo contemplamos en Su Palabra nos llevará a una vida de obediencia. Pero no nos confundamos. Nuestra obediencia jamás deberá ser para ganar el corazón de Jesús ni Su amor por nosotras. Obedecemos porque por pura gracia ya tenemos Su corazón.

«Nuestra obediencia es una oración de acción de gracias,
no un soborno para tener Sus bendiciones».[4]

---

4. Chapell, Bryan. *Unlimited Grace* (Wheaton, IL: Crossway, 2016), pág. 30.

Lo que hacemos no determina lo que somos, pero lo que somos por la gracia de Dios debe tener un impacto en cómo vivimos. La Biblia misma nos deja ver la importancia de tener el orden correcto. Fíjate, cada vez que la Biblia me manda a hacer algo (lo que llamamos «imperativos») siempre me presenta primero quién es Él y lo que ha hecho a nuestro favor («indicativos»). Por ejemplo, antes de que Dios le diera los Diez Mandamientos a Israel, le recordó a Su pueblo: «Yo soy el SEÑOR tu Dios, que te saqué de la tierra de Egipto, de la casa de servidumbre» (Ex. 20:2), y luego los mandamientos.

Aun en el Nuevo Testamento, cada una de las cartas sigue este mismo patrón. Encontramos primero lo que Él ha hecho y luego vemos cómo debemos responder en adoración. Cada imperativo que encontramos en las Escrituras está apoyado en la identidad que tenemos en Él, lo que Él ha hecho a nuestro favor, quién es Él. Nuestra obediencia debe ser siempre una respuesta a la gracia y el amor de Dios, no un medio para ganarlo (¡porque ni siquiera podemos!).

Entender esta realidad nos ayuda a acercarnos a la Biblia de la manera correcta. Entender esta realidad hará que no vayamos a la Palabra buscando cuál será la próxima tarea, el próximo mandamiento a obedecer con el que me ganaré el favor de Dios. En cambio, iremos a las Escrituras para verlo a Él y regocijarnos en lo que ya ha hecho. Para crecer en nuestra intimidad con Él y que nuestro amor por Él abunde cada día más.

Sin duda, Dios quiere que le obedezcamos. Desea que Su carácter y Sus palabras moldeen cada área de nuestras vidas. Dios quiere corazones dispuestos a someter su voluntad a Él, porque sabemos, porque hemos probado que Él es bueno. Dios quiere corazones de los que fluya obediencia como un acto de adoración y una respuesta de amor.

Mi amada amiga, debemos vivir de la Biblia a la vida porque no hay una mejor manera, porque todo lo demás nos deja vacías, porque todo lo demás nos hiere. Debemos vivir de la Biblia a la vida porque Él es digno de nuestra obediencia. ¡Pero lo hacemos sobre la base de lo que ya somos en Cristo! Somos Sus hijas, compradas a precio de sangre, somos Su pueblo, somos Sus amigas, somos amadas por Él eternamente y para siempre.

Por lo que ya somos, obedecemos, y nuestra obediencia es solo la evidencia de que Él nos amó primero y nosotras ahora lo amamos a Él.

Capítulo 2
La mujer y sus tentaciones

Qué fácil sería para nuestra vida espiritual si pudiéramos reaccionar ante las tentaciones como el elefante reacciona ante un ratón.

El elefante, por grande que sea, tiene miedo de un ratón. Por fantástico que parezca, esta gran montaña de carne definitivamente se encoge ante una mordida de este. Un ratón hará que toda una manada se estremezca de miedo, y los pondrá en una condición de miedo desesperado. Hay una razón buena y suficiente para esto. Un elefante puede defenderse de un león, un tigre o cualquier enemigo natural, pero el tamaño insignificante de un ratón desconcierta su concepto de la guerra. El ratón es demasiado rápido para ser aplastado bajo sus pies o para ser atrapado por su trompa, y puede corretear tentadoramente sobre su piel áspera con impunidad. Al darse cuenta de su impotencia frente a un enemigo tan diminuto, el elefante aprende a temerle como no teme a ningún otro animal.[1]

Como el elefante huye del ratón porque sabe su potencial poder, así nosotras debemos huir de las tentaciones. Ellas pueden parecer diminutas e insignificantes, pero su mordida es muy dolorosa. Una vez que las tenemos encima, es difícil deshacerse de ellas. Casi siempre, cumplen su objetivo: hacernos daño.

La tentación ocurre cuando Satanás usa las circunstancias de la vida para confrontar a las personas con la oportunidad de pecar, de elegir una acción que va en contra del carácter y la voluntad de Dios. La tentación se enfoca en hacer que los cristianos se alejen de la fe en Cristo[2]. Es una invitación a pecar, que nos atrae porque estamos siendo seducidos por algo que nos gusta o queremos hacer.

Las mujeres luchamos con tentaciones a veces diferentes de las que enfrentan los hombres. Muchas parecen diminutas e insignificantes, pero son igual

---

1. Tan, Paul Lee. *Encyclopedia of 7700 Illustrations: Signs of the Times* (Garland, TX: Bible Communications, Inc., 1996).

2. Baker, William R. «*Temptation*», en Ed. Ralph P. Martin y Peter H. Davids. *Dictionary of the later New Testament and its developments* (Westmont, IL: IVP Academic, 1997), pág. 1166.

de destructivas. Por ejemplo, el Grupo Barna hizo una encuesta y comparó un grupo de tentaciones y su recurrencia dependiendo del sexo. Para la mujer, ver pornografía o cualquier contenido inapropiado en internet es tres veces menos tentador que para el hombre. Pero otras áreas que pudieran lucir menos nocivas para el alma como el chisme, el exceso de comida, el estado de preocupación, la actitud de celos, la ira y la falta de dominio propio en las compras resultaban ser áreas en donde nosotras somos más propensas a caer porque son mucho más atractivas a nuestras pasiones distintivamente femeninas.

Nuestra naturaleza pecadora tiende a ponerles tamaños y precios a los pecados, y olvidamos que, ante nuestro santo Dios, toda ofensa es igual de gravosa. La tentación promete satisfacción, pero al sucumbir a ella, el cristiano se da cuenta de que el precio del pecado cometido fue muy alto y no satisfizo.

¿Qué tan atentas estamos ante las pequeñas tentaciones que vienen a mi vida? ¿Qué tan rápido huimos de ellas? ¿Qué tanto suprimimos nuestros deseos pecaminosos y seguimos la voz del Espíritu que nos advierte? E. C. Mckenzie dijo: «Pocos récords de velocidad se rompen cuando la gente huye de la tentación».[3]

Es mi deseo mostrarte no solo la anatomía de las tentaciones, sino también las tendencias pecaminosas de nuestra alma que nos llevan a sucumbir ante las tentaciones que vienen a nuestra vida. Es mi deseo el poder ayudarte a identificarlas y que trabajes estas áreas débiles de tu vida, creando así un carácter robusto que pueda aprender a identificarlas y a nunca abrirles la puerta.

ANATOMÍA DE LA TENTACIÓN

A lo largo de las orillas del río Amazonas, vive una especie de arañas grandes y coloridas. Cuando una de estas criaturas se extiende, se ve exactamente como el capullo de una flor brillante. Las abejas y otros insectos que se posan sobre ella esperan encontrar miel. En cambio, la araña secreta un veneno que droga a algunos de ellos y mata a otros.[4] Disfrazada como esa araña, suele estar la tentación. Si fuera tan fácil de identificar, ninguna creyente se acercaría a ella. Es por eso la importancia de profundizar en su significado, su origen y los recursos que toda creyente tiene para combatirla.

---

3. Tan, Paul Lee. *Encyclopedia of 7700 Illustrations: Signs of the Times* (Garland, TX: Bible Communications, Inc., 1996), pág. 1447.

4. *Ibid.*

Teológicamente hablando, «en griego, la palabra que con frecuencia se traduce como tentación es *"peirasmós"*, que puede referirse a "una tentación con la intención de hacernos pecar"»[5], ya sea que provenga de los deseos o de circunstancias externas. Pero este vocablo puede significar también una prueba con un propósito provechoso. Un propósito provechoso es aquel que, en nuestro caso, permita la edificación de nuestra alma.

A la luz de esta explicación, podemos deducir que la tentación tiene el propósito de hacerme caer ante eso que me atrae, y que la tentación se convierte en prueba cuando esta va a contribuir con la edificación de mi carácter.

La Biblia nos ayuda a identificar cuándo lo atrayente es una tentación o cuándo es una prueba. La diferenciación la hace el origen de la misma. Cuando los deseos de cometer el hecho vienen de nuestras pasiones internas (Sant. 1:14), la Palabra nos manda a llamarlos «tentación». Lo mismo sucede cuando la tentación viene del mismo Satanás (Mar. 1:13), «el tentador» (1 Tes. 3:5), o personas usadas por él (1 Crón. 21:1; 1 Tes. 3:5; 2 Ped. 2:18).

Miremos cómo opera la tentación que viene de Satanás. El autor William Baker nos dice que «la tentación ocurre cuando Satanás usa circunstancias de la vida que nos colocan en una posición que nos da la oportunidad de pecar, de elegir una acción que va en contra del carácter y de la voluntad de Dios. La tentación se enfoca en causar que el creyente se aparte de su fe en Cristo».[6]

Me gusta mucho esta ilustración del accionar del pájaro carpintero. Creo que describe muy bien la manera de actuar de Satanás:

> *Un pájaro carpintero es un pájaro muy interesante. El fuerte ruido de rat-a-tat-tat que hace mientras perfora los árboles en busca de insectos para comer siempre llama la atención. El secreto de su éxito es simple. Cuando un pájaro carpintero encuentra un árbol adecuado, comienza a perforar un agujero. Si la madera es demasiado dura o no se encuentran insectos, simplemente se mueve un poco y comienza de nuevo.*
> *Una y otra vez continúa, hasta que se encuentra con el éxito.*

> Satanás usa la tentación de la misma manera. Él probará una tentación con nosotros y luego, si no tiene éxito, se moverá un poco y probará otra. Y así

---

5. Núñez, Miguel. *Vivir con integridad y sabiduría* (Nashville, TN: B&H Publishing Group, 2016), edición para Kindle.

6. Baker, William R., *«Temptation»*. En *Dictionary of the later New Testament and its developments*, pág. 1166.

continuará, una y otra vez, hasta que encuentre un punto débil en nosotros que pueda usar a su favor.[7]

Estas son las dos fuentes de tentaciones que la Biblia nos ayuda a identificar. Muchos creyentes se preguntan si la tentación puede venir de Dios, y Santiago 1:13 nos da la respuesta cuando dice: «Que nadie diga cuando es tentado: "Soy tentado por Dios". Porque Dios no puede ser tentado por el mal y Él mismo no tienta a nadie». Dios, en el uso de Su omnipotencia, permite las tentaciones, pero nunca es el autor.

Ahora bien, la tentación se transforma en prueba cuando, como dijimos al principio, tiene el objetivo de edificarme. La prueba me edifica porque me muestra el área en la que estoy débil espiritualmente y debo crecer o me anima al mostrarme cuánto he crecido en alguna área en la que he sido tentada a pecar.

Es bueno aclarar que cuando hemos sido tentadas, no significa que hemos pecado. El autor de Hebreos nos recuerda que Jesús fue tentado en todo, pero nunca pecó (Heb. 4:15). La tentación se convierte en pecado cuando actuamos y sucumbimos a ella (Sant. 1:14). Un ejemplo de algo muy típico en nosotras las mujeres: Alguien viene con una información de un tercero, a la cual nosotras también tenemos información pertinente que agregar. Esa persona te pregunta: «¿Tú sabes algo más?». El mero hecho de haberte incitado a contar algo privado y caer en lo que llamamos chisme es tentación, pero aún no es pecado. Se convierte en pecado cuando accedemos a responder la pregunta ventilando toda la información que tenemos. Antes de hablar, solo fue una tentación de Satanás o de mis pasiones que se inclinan al chisme, al tiempo que es una prueba de Dios para enseñarnos qué tan débiles o qué tan fuertes estamos en cuanto a nuestro hablar.

A pesar de la cantidad de tentaciones que todas sufrimos a diario, la Biblia nos conforta al asegurarnos dos cosas. Por un lado, tenemos la capacidad de resistir la tentación. Romanos 6:11 nos dice que el pecado no tiene ningún poder sobre nosotras. Cristo, al morir en la cruz, rompió el poder del pecado en mí; ahora no vivo yo sino Cristo en mí. La tercera Persona de la Trinidad, el Espíritu Santo, mora en mí, trayendo convicción de pecado y alertándome cuando este toca a mi puerta.

---

7. Green, Michael P., *1500 Illustrations for Biblical Preaching* (Grand Rapids, MI: Baker Books, 2000), pág. 371.

Según cuenta la historia, Martín Lutero a menudo era muy gráfico en su descripción de las actividades del diablo. Una vez, se le preguntó cómo vencía al diablo, y él respondió: «Bueno, cuando él viene a llamar a la puerta de mi corazón y pregunta: "¿Quién vive aquí?", mi amado Señor Jesús va a la puerta y dice: "Martín Lutero solía vivir aquí, pero se ha mudado. Ahora vivo yo aquí". El diablo, viendo las huellas de los clavos en las manos y los costados perforados, se da a la fuga inmediatamente».[8]

Lo segundo que la Biblia me dice para confortarme sobre las tentaciones es que «no les ha sobrevenido ninguna tentación que no sea común a los hombres. Fiel es Dios, que no permitirá que ustedes sean tentados más allá de lo que pueden soportar, sino que con la tentación proveerá también la vía de escape, a fin de que puedan resistirla» (1 Cor. 10:13). La victoria sobre la tentación está garantizada, solo nos toca tomar la vía de escape que Dios mismo en Su fidelidad ha preparado para nosotras.

Sin embargo, también nos toca hacer nuestra parte: orando en todo tiempo, como Jesús lo hizo cuando dijo al Padre: «no nos dejes caer en tentación» (Mat. 6:13). Un teólogo declaró una vez: «Si no permanecemos en la oración, permaneceremos en la tentación. Que este sea un aspecto de nuestra intercesión diaria: "Dios, guarda mi alma, y guarda mi corazón y todos mis caminos para que no sea enredado"». Cuando esto es cierto en nuestras vidas, una tentación pasajera no nos vencerá. Permaneceremos libres mientras otros yacen en cautiverio.

Llénate de la Palabra de Dios para poder identificar los dardos del maligno y las inclinaciones pecaminosas de nuestro corazón, así como lo hizo Jesús poder vencer la tentación. Satanás tentó a Jesús varias veces y con diferentes ofertas, pero Él declinó todas y acompañó Sus respuestas con un: «Escrito está» (Mat. 3:4, 7, 10). Necesitamos un corazón vigilante a las artimañas de Satanás y sometido a los pies del Señor para poder resistir al diablo y que él huya de nosotros (Sant. 4:7).

Es mi oración que nosotras, como mujeres, podamos glorificar a nuestro Salvador, y que cada tentación sea vencida y cada prueba superada para que Cristo brille cada día más en nosotras.

---

8. Tan, Paul Lee. *Encyclopedia of 7700 Illustrations: Signs of the Times*, pág. 1444.

NUESTRA TENTACIÓN A CHISMEAR

Algunos de estos nombres te pueden ser familiares: «Suelta la sopa», «El gordo y la flaca»; en México, «La oreja». Son todos programas especializados en chisme. Pero no solo encontramos este contenido en la televisión; también en la radio, y para nuestra sorpresa, también los periódicos dedican espacios especiales al chisme. Me ha sorprendido ver que en páginas de noticias tan conocidas como la BBC y en revistas de tan alto perfil como *TIME Magazine* encontremos artículos de psicólogos «expertos en conducta» en donde defienden la idea de que el chisme no es en su totalidad algo malo. Lo definen como una forma ligera, alegre, amena de compartir información. Por ejemplo, la página *Psychology Today* tiene un artículo que titula «El chisme, una habilidad social no un defecto del carácter».

Ese es el mundo en el que vivimos, y quizás, muchas de nosotras hemos creído esa idea de que el chisme en su totalidad no es malo, sino conveniente. Pero al final, para las que tememos a Dios y amamos al Señor, lo que Él opina y tiene que decir sobre este tema es lo más importante.

Entonces, ¿qué dice Dios del chisme? En muchas Biblias en español, la palabra *chisme* de forma literal solo aparece unas tres o cuatro veces. Esto pasa porque la palabra para chisme se ha traducido de diversas formas: calumniar, hablar falsedades, labios perversos, hablar que difama, hablar no digno, un hablar sin discreción.

En diferentes versículos, vemos la Biblia referirse al chisme como algo útil para difamar (Levítico), como algo que separa amigos y detona peleas (Proverbios). Los Salmos se refieren a él como un instrumento de burla. El apóstol Pablo, en 2 Corintios, lo enlista junto a otros hábitos pecaminosos como las peleas, los celos y el egoísmo, y en 1 Timoteo 5:13, lo cataloga como algo destructivo. Pero el que más me llama la atención es Romanos 1:29, donde el apóstol Pablo coloca al chisme como parte de la característica de la humanidad depravada.

Por todos estos versículos, podemos concluir que Dios a través de Su Palabra ha catalogado el chisme como algo pecaminoso. ¿Por qué el mundo no lo ve? Más bien, ¿por qué muchas de nosotras no lo vemos como Dios lo ve? Quizás una definición del chisme pueda ayudar a entenderlo mejor. La palabra hebrea para *chisme* en el Antiguo Testamento es definida como alguien que revela secretos, un portador de cuentos, de información, un traficante de escándalos. El chisme es difundir una información desfavorable de un tercero aunque sea cierta. Podemos decir que el chisme es algo malintencionado, porque en muchos de los casos, solo se comparten las calamidades o los fracasos de las personas.

Por ejemplo, no podemos catalogar como chisme compartir un testimonio de la humildad que mostró alguien en determinada situación, o lo hermoso que oró esa mujer en la reunión, porque no estamos revelando información confidencial y desfavorable de la otra persona.

Me convierto en una chismosa al tener información privilegiada del otro y revelarla a personas que no tienen nada que ver con el asunto. Mira como lo dice Proverbios 11:13: «El que anda en chisme revela secretos, pero el de espíritu leal oculta las cosas».

Si aún sigues sin poder diferenciar cuándo en tu conversación hay chisme, te animo a hacerte estas preguntas que te ayudarán a ver si tu motivación al compartir esa información privilegiada es genuinamente piadosa.

1- Si el protagonista de la historia estuviera presente, ¿hablarías abiertamente de esto? ¿Contarías todos los detalles que estás dando? ¿Estaría esa persona complacida de mí al verme que cuento o divulgo información sobre ella?

2- Esa persona que va a escuchar lo que digo, ¿es parte de la solución?

3- ¿Cuál es el propósito de compartir esta información? ¿Edifica? ¿Eleva el testimonio de piedad de la persona de la que estoy hablando?

Entonces, si el chisme no agrada a Dios, ¿por qué lo practicamos? ¿Qué nos motiva, qué nos impulsa?

Además de mostrar una falta de amor al otro, cuando chismeo, se puede estar revelando una de estas motivaciones:

1- Tengo un sentido altísimo de mi justicia personal: Como yo «nunca» haría algo así, me veo en la libertad de compartir «lo malo» que el otro está haciendo o pasando.

2- Complacer mi necesidad de sentir que el otro me ve como alguien interesante, alguien con información poderosa y exclusiva. El chisme es una forma de sentirme aceptada, buscada por otros chismosos, de que los otros me pongan atención por lo valioso y exclusivo de lo que estoy diciendo.

3- Chismeo porque me niego a compartir mis cuestiones interiores, mis luchas, mis faltas. Desplazo la conversación hacia un tercero porque no quiero hablar de mis cosas; me es más cómodo hablar del otro.

4- Chismeo porque estoy convencida de una falsa piedad: verdaderamente creo que quiero ayudar, y al compartirlo con otros, pienso que los que escuchan pueden darme ideas para ayudar al otro a resolver el problema.

Todas estas son posibles razones, pero yo me quiero detener en esta quinta que la he dejado para lo último porque es la más importante.

5- ¿Por qué chismeo? Porque la carne tiene el control, no el Espíritu. Todas las razones que cité anteriormente entran en el ámbito de la carne. Son acciones carnales que quiero realizar porque la carne está siendo más fuerte que el Espíritu.

Santiago 3 es la porción en la Biblia más extensa sobre el hablar del cristiano. El chisme es parte de los problemas del hablar, de una lengua no domada por el Espíritu, por lo que, si quiero anular el chisme en mí, tengo que controlar la lengua.

Si aún te falta estímulo para dejar de chismear, quiero enumerar las consecuencias no solo sociales sino también espirituales de esta práctica pecaminosa.

CONSECUENCIAS SOCIALES

La gente socialmente inteligente sabe que el que chismea de otro chismea de ti. Por eso, tiende a catalogarte como una persona no confiable y normalmente se aleja o no intima contigo.

Si eres chismosa, perderás la confianza de las personas. Nadie quiere abrir su «bóveda» contigo. No eres una persona confiable para darle acceso. No cumples tus promesas de discreción. Dañas a otros y provocas conflictos. El chisme puede contener información fidedigna o falsa. Con la acción de chismear, te conviertes en un agente de dispersión de algo que probablemente no es real, lo cual causa disgusto al sujeto en cuestión.

CONSECUENCIAS ESPIRITUALES

Dios no es glorificado. No muestras a Cristo. No representas al reino de las luces. No vas a ser de impacto, ministración ni bendición para otros.

Pero tranquila, en Cristo hay solución. Me llama mucho la atención cómo Santiago 3:8 nos dice que «ningún hombre puede domar la lengua. Es un mal turbulento y lleno de veneno mortal». El versículo 2 ya nos había dado la solución: tienes que ser perfecta. Todas sabemos que ninguna de nosotras puede ser perfecta.

Pero sí hubo alguien que fue perfecto, sin mancha, sin faltas. Y ese alguien tomo mi lugar en un madero y me ha dado Su justicia y me ha concedido al Ayudador, la tercera Persona de la Trinidad, que mora en la vida de cada creyente. Este Ayudador es el que me capacita, pero a mí me toca caminar en el Espíritu, caminar agarrada de Su guía, para así no complacer los deseos de la carne.

Gálatas 5:16-18 nos dice: «Digo, pues: anden por el Espíritu, y no cumplirán el deseo de la carne. Porque el deseo de la carne es contra el Espíritu, y el del Espíritu es contra la carne, pues estos se oponen el uno al otro, de manera que ustedes no pueden hacer lo que deseen. Pero si son guiados por el Espíritu, no están bajo la ley».

La solución al chisme: Andar en el Espíritu, y eso Cristo lo hizo posible en la cruz. Está a tu alcance, ahora mismo eso es posible para ti, solo tienes que rendirte a Él.

LA TENTACIÓN A LA IRA

La ira es ese sentimiento de indignación que causa enojo. ¿Quién de nosotras no lo ha experimentado? Algunas podrían decir nunca se han airado, pero te cuento que el sentimiento de ira no es solo una expresión externa. Esa emoción fuerte como respuesta a un evento o situación en la vida que nos causa irritación, frustración, dolor o desagrado es ira, aunque sea interna.

El Dr. Walter Cannon, pionero en investigación y medicina psicosomática de la Universidad de Harvard, afirma que, en respuesta a sentimientos de ira, la respiración se profundiza; el corazón late más rápidamente; la presión arterial aumenta; la sangre se desplaza del estómago y los intestinos al corazón, el sistema nervioso central y los músculos; cesan los procesos del canal alimentario; el azúcar se libera de las reservas en el hígado; el bazo se contrae y descarga su contenido de corpúsculos concentrados, y la adrenalina se secreta.

Además, existe evidencia de que la ira y la hostilidad están vinculadas con las enfermedades cardíacas, la presión arterial alta, las úlceras pépticas y los accidentes cerebrovasculares. ¡Es un tema!

Para el cristiano, la ira es ese sentimiento de disgusto hacia lo que no llena el estándar de Dios. Nos airamos cuando sabemos de una violación, de un robo, de alguna injusticia social o política. Nos airamos con la traición, nos airamos cuando nos mienten o nos engañan. Me causa dolor e irritación cuando las expectativas que tengo no son cubiertas.

El sentimiento de ira tiene grados. Como las llamas de una vela que tiene diferentes colores, y entre más cerca del centro más caliente, así pasa con la ira. Va en una espiral de crecimiento comenzando con la indignación, luego el enojo, la furia y termina en rabia.

Pero no creas que toda ira es mala. Hay un sentimiento de ira bueno y es cuando la siento al ver violentado lo moralmente impuesto por Dios, es decir, cuando el estándar de Dios es quebrantado. Podemos llamarla una ira justa, cuando me molesto por algo y de la forma que Dios se molestaría. Sí, Dios experimenta ira; a diferencia de nosotros, una ira santa (Núm. 11:13; Job 20:23; Sal. 7:11; Juan 2:13-17; Mar. 3:5). Como fuimos hechas a imagen de Dios y Él se aíra, nosotras también experimentamos ira. De hecho, Efesios 4:26 nos dice que nos airemos, pero sin pecar.

Podríamos decir que la ira es una emoción necesaria. Según el autor Gary Chapman: «Cuando alguien deja de experimentar ira, ha perdido su capacidad de sentido moral. Sin ninguna preocupación de lo moral, el mundo sería un lugar espantoso»[9]. La ira es una emoción implantada por Dios. Es una aliada de nuestro instinto por lo correcto, y está designada para ser usada en propósitos espirituales constructivos.

«La persona que no pueda sentir ira ante lo malvado es una persona a la que le falta entusiasmo por lo bueno. Si no puedes odiar lo malo, entonces

---

9. Chapman, Gary. *Anger* (Chicago: IL, Moody Publishers, 2015), edición para Kindle.

es cuestionable si tienes en verdad la capacidad de amar lo bueno»[10], afirmó el Dr. David Seamands.

Hay detonantes para la ira, y para poder encontrar sanación y no airarnos pecaminosamente, es necesario identificarlos. Uno de ellos es el dolor. El dolor provoca ira. A veces, la muerte de un familiar o hasta un conflicto familiar puede llevarme a la ira. Otro es la injusticia; cuando el derecho es violentado o violado, ya sea a mí o a otros. El miedo es otro detonante. Quizás ves que tu futuro es amenazado y te sientes insegura.

El rey Saúl se sintió amenazado ante la popularidad de David y se airó (1 Sam. 18:5-15,28-29). A veces nos airamos con nuestros hijos, levantamos alto la voz y les hablamos fuerte, porque tenemos miedo, miedo de perder autoridad. Otro detonante común de la ira es la frustración. Cuando tus planes no son realizados, cuando tus expectativas no se cumplen, como le pasó a Caín (Gén. 4:3-5), nos frustramos y respondemos con ira. En el trabajo, cuando mis compañeros no hacen lo que tienen que hacer, cuando siento que las personas no responden a la velocidad o con la calidad que necesito que respondan, me frustro, me aíro.

Si te fijas, en todas estas situaciones puede haber una ira no santa cuando yo soy el centro, en lugar de Dios y Sus cosas. Cuando siento dolor, cuando se ha cometido una injusticia contra mí, cuando siento miedo y me sentí insegura o simplemente cuando estoy frustrada. En fin, cuando yo soy el centro del problema y no Dios, ahí mi ira se convierte en una ira que, como dice Santiago, no opera la justicia de Dios (Sant. 1:20). Ciertamente, airémonos pero no pequemos, y que no se ponga el sol sobre nuestro enojo, ni demos lugar al diablo (Ef. 4:26).

La Palabra de Dios es su inmensa sabiduría nos dice qué hacer cuando nos airamos. Además de no pecar, nos dice que resolvamos el conflicto rápido. La ira nunca es estática. Si no se aborda a tiempo, va a crecer. Debe resolverse rápidamente, porque si no, darás lugar al resentimiento, a la amargura, a las enemistades y al rencor.

Si te has percatado de que constantemente eres tentada a airarte, o de que en tu corazón hay ira, te animo a ir al trono de nuestro buen Dios, reconocer tu pecado y pedirle perdón. Pídele que te enseñe la razón principal

---

10. Seamands, David. «A God-given emotion», Bible, 2 de febrero de 2009, bible. org/illustration/god-given-emotion.

por la que eres provocada a ira o por la que ya estás airada, y entrégale ese dolor. La ira que obra la justicia de Dios es aquella que es conforme a Su carácter. Cuando alguien te hiera o algo te produzca dolor, en vez de airarte, alza tu mirada a los cielos y reconoce que la soberanía de Dios está operando en tu vida. Comienza a amar como Dios ama, de una forma inagotable. En 1 Pedro 4:8, el apóstol Pedro dice que el amor nos habilita para pasar por alto las acciones pecaminosas de otros hacia nosotros. Si alguien te hiere, o te sientes mal por lo que ha dicho, el amor te ayuda a pasar por alto ese daño. El amor cubre multitud de faltas. Pero este amor no viene en forma automática; es fruto de una dependencia constante en el Espíritu Santo.

Y por último, imita a nuestro Dios con una actitud perdonadora. Piensa que no importa lo que el otro haga, yo lo voy a perdonar como Cristo me perdonó.

TENTADA A SER CONTROLADORA

¿Te molesta si no se cumple con el plan previamente diseñado? Ante los problemas, ¿tu solución es la única posible? ¿Eres de las que hace agua si de repente, en vez de cuatro vienen seis a comer, sin avisarte? ¿Te sientes incómoda cuando vas a un paseo o viaje que no hayas planificado o del cual no sepas los detalles? En el carro, ¿eres de las que anda dirigiendo al chofer: «Dobla por aquí, frena, esa no es la mejor ruta»? Si algunas de estas cosas es parte de tu actitud, entonces, bienvenida al club de las controladoras.

Si aún no lo reconoces, déjame explicarte un poco más en qué consiste el deseo de controlar. El deseo de control, de acuerdo al diccionario, es la actitud que busca tener el total control de toda situación o acción. La controladora busca que todo salga de la manera que ella entiende que debe salir y lo hace al ejercer dominio sobre las acciones, conductas y pensamientos del otro.

Si quisiera ilustrar el deseo de control, lo haría usando la figura de un árbol. Como sabemos, los árboles tienen raíces y dan frutos. Lo mismo pasa con mi deseo de control: hay una raíz que es el origen de este deseo y hay frutos que nacen de este árbol, a los cuales los vamos a llamar mecanismos de control.

Pero primero, hablemos de la raíz, y para esto, debemos remontarnos al Edén, al relato de Génesis 3. Antes de la caída, todo era perfecto. Eva no tenía problemas con nada ni nadie. Estaba sometida gozosamente a Adán, estaba satisfecha en Dios, su creador. Dios se paseaba por el huerto, hablaba con ellos, y ellos con Dios. Todo era perfecto.

Hasta que Génesis 3 nos cuenta de una conversación de Eva con la serpiente, en la que Adán estaba presente. Ustedes saben la historia. Eva comió, Adán comió, y dice el texto que se les abrieron los ojos, y de pronto sintieron vergüenza por su desnudez. Al oír al Señor, se escondieron, y luego ellos explicaron que lo hicieron porque tuvieron miedo. Detengámonos ahí por un momento y pongámonos nosotras, como mujeres, en los zapatos de Eva. Miremos cuántas cosas están pasando por su cabeza: vergüenza, deseo de esconderse por miedo. Una mezcla de cosas potentes.

Quedémonos con el miedo. El miedo es la sensación, la sospecha o aprensión que alguien tiene de que le suceda algo contrario a lo que desea. En el caso de Eva, sintió miedo porque no se sintió segura ni de Dios ni de Adán. Porque presentía que las cosas no le iban a salir como ella quería con ninguno de los dos.

Con Adán, ya había sufrido una decepción, porque quien debió de protegerla como cabeza y líder no lo hizo; ya no confiaba en él. A Dios, ella le había fallado y no quería volverlo a hacer, no quería volver a pasar por la vergüenza.

Ese miedo trae consigo inseguridad. No quiero volver a fallar, no quiero volver a pasar vergüenza, tengo miedo de lo que el otro piense de mí. Sin duda, me siento insegura. ¿Y qué tiende a hacer una mujer que se siente insegura ante Dios y ante los hombres y que el miedo la lleva a pensar que las cosas no van a salir como ella quiere? Esa mujer controla. Hace todo lo posible por controlar la situación, a las personas y las acciones de las personas para asegurarse de que todo salga bien. Así se sentía Eva y así nos sentimos nosotras.

Y les doy un dato más. No voy a afirmar algo que la Biblia no conecta, pero es interesante ver que cuando Dios impone las consecuencias sobre Eva en Génesis 3:16, dice lo siguiente: Tu querrás controlar a tu marido. Es decir que, además de la inseguridad con la que todas vivimos, también tendremos que lidiar con una clara tendencia al control. En algunas, esta actitud controladora es más evidente que en otras, pero sin duda, toda mujer, soltera, casada, joven o adulta, lidia con esta tentación de controlar que Dios ha descrito en Génesis.

Profundicemos un poco más. Nuestra actitud controladora usa mecanismos para cumplir su objetivo, a eso fue lo que llamé los frutos del árbol. La manipulación, la imposición, la coerción, la autosuficiencia, son algunos de los mecanismos más usados para controlar, y así, conseguir nuestro objetivo. ¿Tienes identificado alguno en ti?

De estos mecanismos, quiero abundar en el más común en nosotras: la manipulación. La manipulación no es más que la habilidad de controlar a las personas o las circunstancias de forma indirecta, de forma injusta, o con medios engañosos, especialmente para el beneficio particular.

Es importante ver la manipulación como un medio ilegítimo para lograr algo que pienso que es legítimo, porque creo que Dios no puede o no quiere ayudarme a conseguirlo legítimamente. Un ejemplo claro de esto es David y lo que hizo con Urías (2 Sam. 11).

Algo más, ya que el corazón es engañoso, no confundas persuasión con manipulación. Muchas de nosotras nos escudamos bajo la llamada «persuasión», lo cual es algo bueno. Incluso en Hechos 28:23, se dice que el apóstol Pablo procuraba «persuadirlos acerca de Jesús». La diferencia es que la persuasión trata de convencer al otro con razonamientos verdaderos y apelando a la conciencia. La persuasión utiliza argumentos razonables y creíbles, mientras que la manipulación emplea argumentos no verdaderos y emociones deshonestas para lograr su objetivo; por ejemplo, llorar, disgustarse, dejar de hablar, mentir, cohesionar. ¿Te identificas?

Dentro de la manipulación como mecanismo de control, usamos otros mecanismos que nos ayudan a lograr nuestro objetivo: la mentira es uno de ellos. La mentira no es más que el ocultamiento de la verdad. Es un engaño y a veces se usa como una forma fácil y rápida de resolver un inconveniente. Toma en cuenta que la exageración y el ocultamiento de parte de la información también son mentira. Por ejemplo, Abraham mintió a Abimelec (Gén. 26) por miedo y para salirse con la suya.

La exageración es otra forma de mentira y ayuda a manipular. Por ejemplo, cuando decimos: «Si no me prestas ese dinero, lo voy a perder todo».

Pero ¿qué es lo que pasa? ¿Por qué muchas sucumbimos ante esta tentación a controlar? Lo hacemos porque tenemos una mala teología de Dios. Mi actitud controladora habla mucho de mi conocimiento de Él. Por ejemplo, ¿qué entiendo de Dios cuando quiero tomar el control y uso mecanismos ilegítimos para lograrlo? Primero, trivializo Su santidad al no considerar pecaminoso lo que Él considera pecaminoso (mentiras blancas, ocultamiento de información, exageración).

Lo segundo es que con mi control comunico que Dios no es digno de confianza y por eso tengo yo que actuar. Muchas tendemos a pensar de la siguiente forma: «Si quiero algo tengo que buscarlo, nadie me lo va a dar». Pero ese no es el Dios de la Biblia.

La mujer vence la tentación a controlar cuando tiene la teología correcta de Dios y esto es lo que la Biblia revela de Él:

- Dios es soberano. Él tiene el poder, la sabiduría y la autoridad de hacer con Su creación lo que Él quiera (Sal. 135:6; Isa. 46:10; 1 Tim. 6:15).

- Él es Todopoderoso. Dios tiene el poder de hacer todas las cosas, en cualquier momento y de cualquier forma (Sal. 91:1-2; Luc. 1:37).

- Dios es mucho más sabio que yo. Junta Su soberanía y Su poder y agrégale a eso omnisciencia, es decir, que todo lo sabe. Créeme que Él es digno de confianza cuando no me ha dado algo. Él es digno de confianza cuando permite algo (Rom. 11:33-36).

- Dios es digno de confianza porque me ama. Su amor es tan grande que entregó a Su Hijo en la cruz. No hay más grande amor que este (Juan 3:16).

Entonces, ¿cómo puede una mujer resistir la tentación de controlar? Lo primero que debes hacer es admitir tu deseo de controlar y arrepentirte. Pídele perdón al Señor por dejarte seducir por ese deseo de control. Comienza a pensar bíblicamente para que puedas combatir a Satanás el tentador y actúa en base a ese conocimiento.

Entrégale el control a Aquel que es digno de dirigir nuestra vida por el camino seguro.

TENTADA AL ORGULLO

Nací en una familia de árabes, donde la palabra «orgullo» era algo importante, algo valioso. Para mi familia y para la cultura, tener orgullo era un componente vital del carácter. Crecí pensando así, hasta que llegué a los pies del Señor y conocí el evangelio, y me di cuenta de que ese orgullo que se me había inculcado no era tan bueno. Era un orgullo que me llevaba a tener una valoración muy alta de mí misma, cosa que es contraria a lo que enseña la Biblia (Fil. 2:3).

Si hay algo que Dios ha dejado claro en Su Palabra es que no le gusta la gente orgullosa. «Asimismo ustedes, los más jóvenes, estén sujetos a los mayores. Y todos, revístanse de humildad en su trato mutuo, porque Dios resiste a los soberbios, pero da gracia a los humildes» (1 Ped. 5:5).

El diccionario Tyndale define el orgullo como una autoestima justificable o una autoestima inadecuada y excesiva conocida como presunción o arrogancia.[11]

Pero es bueno notar que no todo sentimiento de orgullo es pecaminoso. En 2 Corintios 7:4, vemos al apóstol Pablo expresando un sentimiento de orgullo hacia los colosenses: «Mucha es mi confianza en ustedes. Tengo mucho orgullo de ustedes. Lleno estoy de consuelo y sobreabundo de gozo en toda nuestra aflicción». Y en Gálatas 6:4, Pablo reconoce que hay cosas por las que podemos enorgullecernos: «Pero que cada uno examine su propia obra, y entonces tendrá motivo para gloriarse solamente con respecto a sí mismo, y no con respecto a otro».

Entonces, ¿Cuál tipo de orgullo es pecaminoso? Buscando en un diccionario secular la definición de orgullo, me topé con esto: El orgullo es «arrogancia, vanidad, exceso de estimación propia, que suele conllevar sentimiento de superioridad».[12]

Arrogancia es otra palabra en la Biblia para orgullo (Prov. 21:4). La arrogancia es ese sentimiento que nos aleja de Dios. El Salmo 10:4 declara: «El impío, en la arrogancia de su rostro, no busca a Dios. Todo su pensamiento es: "No hay Dios"».

Ahí está el problema. Soy tentada a enorgullecerme de forma pecaminosa cuando en mis logros yo saco a Dios de la ecuación y me lleno de un sentimiento de superioridad que me lleva a ver al otro como menos que yo.

---

11. Elwell, Walter A., y Philip Wesley Comfort. *Tyndale Bible dictionary,* (Tyndale Reference Library, 2001), pág. 1072.
12. https://dle.rae.es/orgullo.

Mira el ejemplo de Satanás. Al decir: «Me haré semejante al Altísimo» (Isa. 14:14), desplegó un inmenso orgullo al reflejar su propia gloria y no la gloria de Dios. Como dijo San Agustín: «Es el orgullo lo que transformó ángeles en demonios; es la humildad la que hace a los hombres ángeles».[13]

Entonces, ya sabiendo que el orgullo pecaminoso no agrada a Dios, es bueno saber cómo identificar si hay orgullo en nuestro corazón. Podrías comenzar haciéndote estas preguntas de autoevaluación: ¿Eres extremadamente sensible y te irritas con facilidad ante los comentarios de otros hacia tu persona? ¿Guardas con frecuencia rencor ante las ofensas? ¿Te da vergüenza orar u opinar en público porque sientes que puedes ser criticada? ¿Te encuentras con frecuencia criticando las acciones y decisiones de los otros?

Si has respondido afirmativamente a alguna de estas preguntas, es altamente probable que tengas un corazón orgulloso. Si los comentarios de los demás te hieren con facilidad, a quien están hiriendo es a tu ego y no a tus sentimientos. El orgulloso no puede reconocer sus faltas y no recibe bien lo que le señalan, aun cuando sea cierto. Ese corazón orgulloso, al recibir la crítica, procede a guardar rencor al otro y el rencor es un sentimiento que te lleva a la amargura. Cuando veo a alguien sumamente tímido, pienso que más allá de su temperamento, hay un poco de orgullo.

Muchas no queremos equivocarnos y hablar de forma incorrecta; eso es entendible. Pero cuando mi silencio es demasiado evidente, debo revisar si el corazón se está protegiendo de evitar que el otro tenga una opinión desfavorable de mí. Al final, cada una de nosotras debe estar preocupada por lo que Dios opine ella y no lo que el otro opine.

Y por último, con relación a la crítica, esta frase de Jonathan Edwards lo explica muy bien: «La persona espiritualmente orgullosa lo demuestra al encontrar fallas en otros santos... El cristiano eminentemente humilde tiene mucho que hacer en casa y ve tanta maldad en sí mismo que no puede estar muy ocupado con otros corazones»[14].

Gracias doy a nuestro Señor Jesucristo que no nos deja igual. Su Espíritu Santo nos da convicción de pecado y nos ayuda a cambiar. Si eres orgullosa, pídele a nuestro buen Dios que te dote de humildad. La humildad es el

---

13. Sermon Central, https://www.sermoncentral.com/sermon-illustrations/82657/pride-by-michael-mccartney.
14. Citado en Harford, Fabienne. *«Seven Subtle Symptoms of Pride»*. Desiring God, https://www.desiringgod.org/articles/seven-subtle-symptoms-of-pride.

camino a tomar para desechar el orgullo. De hecho, esa fue la virtud que Jesús dijo que aprendieran de Él. «Tomen Mi yugo sobre ustedes y aprendan de Mí, que Yo soy manso y humilde de corazón, y hallarán descanso para sus almas» (Mat. 11:29).

La humildad es opuesta a la arrogancia, porque el humilde no se cree superior al otro. Quizás la cultura no valore la humildad, pues es una actitud que te empuja a no buscar el reconocimiento de tu persona, sino que en todo tiempo reconoce que todo lo que tiene es dado por Dios como una muestra de Su gracia. En 1 Corintios 4:6-7, leemos: «para que ninguno de ustedes se vuelva arrogante a favor del uno contra el otro. Porque ¿quién te distingue? ¿Qué tienes que no recibiste? Y si lo recibiste, ¿por qué te jactas como si no lo hubieras recibido?». El corazón humilde es agradecido porque es capaz de ver su pecaminosidad al tiempo que ve la bondad de Dios.

Un corazón humilde entiende que sus logros solo son para reflejar la gloria de Dios. Que todo lo que tiene—inteligencia, fuerzas, y todas tus habilidades—es por la gracia de nuestro gran Padre. Un corazón que piensa así está apto para resistir la tentación de enorgullecerse.

Capítulo 3

La mujer y su mundo interior

«Sigue tu corazón» es una frase que se ha convertido en un compás moral para nuestra sociedad. La vemos en canciones, películas, frases y en muchas historias a nuestro alrededor. Básicamente, la idea es que nuestro corazón es una brújula moral que nos guía hacia la dirección correcta y lo único que necesito hacer es buscar en él y tener la valentía de seguirlo. Es pensar que en mi corazón está la clave para mi felicidad.

Inclusive, es una frase que en ocasiones es usada para invalidar lo bueno o lo malo, porque si tu corazón te guía ahí, si tu corazón lo quiere, no puede estar mal. Hace un tiempo, escuché una canción donde esta era justamente la idea. Básicamente, el cantante le decía a la mujer que amaba—y que ya estaba en otra relación—que tomara una decisión siguiendo su corazón, porque ese era el único tendría la razón. No importan las consecuencias, no importa a quién dañes, sigue tu corazón.

Toda esta idea suena muy romántica, ¿no es cierto? No puede ser tan malo seguir aquello que me diga mi corazón... excepto que sí lo es. La idea de seguir nuestro corazón no es algo que encontramos en la Biblia. De hecho, lo que la Biblia dice de mi corazón me da una enorme señal de alerta para hacer todo lo contrario: «Más engañoso que todo es el corazón, y sin remedio; ¿quién lo comprenderá?» (Jer. 17:9). Mateo 15:19 también afirma: «Porque del corazón provienen malos pensamientos, homicidios, adulterios, fornicaciones, robos, falsos testimonios y calumnias».

Una descripción como esta no nos llevaría a confiar en quien la lleve. Nuestro corazón no es la respuesta a nuestra felicidad; es el que nos lleva a alejarnos de ella. Nuestro corazón no contiene la verdad; es el que nos lleva a cuestionarla. Nuestro corazón no nos lleva de manera natural a seguir a Dios; nos mueve a construir altares a dioses vanos.

La realidad es que nuestro corazón no fue diseñado para ser seguido sino para ser guiado. Nuestro llamado como creyentes es seguir a Alguien mucho mayor que nosotras y fuera de nosotras mismas. Necesitamos guiar nuestro corazón a seguir a Jesús.

Cuando Jesús les dio palabras de aliento a Sus discípulos cerca del momento de Su partida no los mandó a confiar en sus corazones, no los alentó a buscar en ellos el aliento que necesitaban. Les dijo: «No se turbe su corazón; crean en Dios, crean también en Mí» (Juan 14:1).

La clave para que sus corazones no se turbaran era creer en Él, no en ellos mismos. En esos momentos donde nuestros corazones tratan de tomar el timón de nuestras vidas, nuestro llamado es guiarlos a Jesús, Aquel que con Su vara y Su cayado nos guía; el buen Pastor que entregó Su vida para hacer lo que nuestros corazones no pueden hacer: salvarnos.

Debemos ser intencionales en guiar nuestro corazón a Jesús. Esto no es algo que hacemos una vez y luego podemos olvidarnos y dejar de estar alertas. Hay circunstancias, decisiones, emociones e ideas con las que tenemos que lidiar día tras día, que requerirán que apuntemos nuestro corazón a Jesús. En las secciones que siguen, quisiera compartir contigo alguna de esas áreas.

DE LA ANSIEDAD A LA CONFIANZA

Recuerdo una época de mi vida en la que la ansiedad me consumía. Estaba pasando por una situación en la que les permití a mi mente y a mi corazón irse a lugares muy lejos de la Palabra. La preocupación me dominaba a tal punto que llegué a ponerme extremadamente delgada. Recuerdo cómo trataba de solucionar las cosas por mis propios medios, continuamente buscando lo que yo podía hacer al respecto, y terminaba cada vez peor, hasta el día en el que genuinamente decidí rendirme, dejar de tratar de tener el control y confiar en Dios.

Probablemente has experimentado algo así en tu caminar o quizás te encuentras en ese recorrido ahora mismo. La Biblia nos enseña que toda tentación es común a los hombres (1 Cor. 10:13) y esa realidad no deja fuera la lucha contra la ansiedad.

Hay momentos en los que la ansiedad nos domina con tan solo imaginar que algo que tememos llegue a suceder: «Si no me dan ese trabajo no sé qué va a suceder». «¿Y si el diagnóstico sale positivo?». «¿Y si la relación nunca se llega a reconciliar?». Dejarnos dominar por el mundo de los «y si...» puede llenarnos de temor y ansiedad.

Pero nuestra batalla no se limita a lo que imaginamos; hay momentos en los que nuestras peores pesadillas se convierten en una terrible realidad y la ansiedad se hace presente. Somos seres caídos en un mundo caído en el que las cosas van a salir mal. Habrá sufrimiento e injusticias hasta que Cristo vuelva. Si la realidad de este mundo caído nos asegura las dificultades, ¿cómo podemos lidiar con nuestra ansiedad si no tenemos la seguridad de que nuestras circunstancias van a mejorar? ¿Cómo puedo estar libre del temor si no puedo estar segura de que todo estará bien en la manera en la que imagino?

Antes de responder a estas preguntas, creo que vale la pena que entendamos mejor qué es la ansiedad. Podríamos decir que la ansiedad es un fuerte deseo de algo, que viene acompañado por el temor a las consecuencias de no recibirlo.

Ahora, déjame decirte algo que quizás te choque un poco: no toda ansiedad es mala de entrada. Escucha lo que dice Pablo en 2 Corintios 11:28: «Además de tales cosas externas, está sobre mí la presión cotidiana de la preocupación por todas las iglesias». Pablo está expresando en este pasaje que siente ansiedad por el bienestar espiritual de las iglesias. Hay un fuerte deseo en él de ese bienestar y un temor por lo que podrían ser las consecuencias si ese bienestar no está presente.

Pero Pablo no permite que su preocupación lo consuma. Su ansiedad no lo detiene. No es tan fuerte como para sofocar el gozo por la bondad de Cristo. El Pablo que nosotras vemos es uno que continuamente está llevando sus cargas delante del Señor, aun sus cargas por el bienestar de las iglesias.

Entonces, ¿dónde está el problema? En dejar que la ansiedad nos consuma, nos detenga, nos dirija y nos lleve a olvidar quién es el Dios que tiene el control y que tiene cuidado de nosotras.

Gracias a Dios, Él no guarda silencio respecto a qué debemos hacer con nuestra ansiedad. En 1 Pedro 5:6-7, nos dice: «Humíllense, pues, bajo la poderosa mano de Dios, para que Él los exalte a su debido tiempo, echando toda su ansiedad sobre Él, porque Él tiene cuidado de ustedes».

Veamos a qué nos llama este pasaje:

1. HUMÍLLENSE

La ansiedad pecaminosa es una evidencia del orgullo de mi corazón, porque me lleva a poner en duda Su carácter y a cuestionar Sus palabras. Es un problema del orgullo de mi corazón porque entiende que mi sabiduría es mayor que la de Dios y que la mejor manera es la mía.

Quizás te encuentras llena de ansiedad porque crees que Dios se ha equivocado al no darte ese trabajo. O en medio de la injusticia que estás viviendo, no crees que genuinamente todas las cosas cooperan para bien para los que le aman y estás llena de un temor que te consume.

Entonces, el primer paso para luchar con la ansiedad es humillarnos, pero nos humillamos bajo la poderosa mano de Dios. Bajo la mano de Aquel que cumple Sus promesas, bajo la mano de Aquel que es poderoso para hacer todo cuanto quiera y sostenernos. Bajo la mano de Aquel que es nuestra autoridad pero que no nos aplasta.

2. ECHEN SU ANSIEDAD SOBRE ÉL

Me encanta la imagen que transmiten estas palabras. Todas tus cargas, todas tus ansiedades, ponlas sobre Él, porque Él puede con ellas. Puede llevarlas todas. Tú y yo no podemos pero Él sí puede.

El apóstol Pablo nos enseña en Filipenses 4:6 que en lugar de estar ansiosas debemos ir delante de Él con oración, súplica y gratitud, y la paz de Dios guardará nuestras mentes y corazones en Cristo Jesús.

Lleva tus ansiedades a Aquel que puede sostenerlas. Llévalas a Aquel que puede transformar tu visión y recordarte con quién estás hablando. La oración no promete cambiar nuestras circunstancias, pero sí transforma nuestro corazón.

3. ÉL TIENE CUIDADO DE NOSOTRAS

La razón por la que podemos humillarnos delante de Él, la razón por la que podemos llevar nuestras cargas para que Él las sostenga y encontrar paz es que Él tiene cuidado de nosotras. El Dios de los cielos, el alto y sublime, se acerca a nosotras y tiene cuidado de nuestras vidas.

Ese cuidado no implica que las cosas saldrán como queramos, o que no tendremos sufrimiento. Lo que sí implica es que, en medio de todo, Él camina con nosotras y todo Su obrar es para nuestro bien y la gloria de Su nombre. Ese cuidado implica que, en medio de las aflicciones, podemos estar confiadas porque Cristo venció, y como venció, las promesas de Dios son seguras y podemos tener la certeza de que los sufrimientos de este tiempo presente no son comparables con la gloria que ha de venir.

En medio de la ansiedad, nuestro llamado es a dirigir nuestros corazones a la confianza en Cristo. Podemos depositar nuestra ansiedad sobre Él y confiar porque Él puede con ella, porque Él es soberano y controla absolutamente todo. Podemos confiar en el Señor porque Él es bueno y quiere lo mejor para nosotras. Podemos confiar en Él porque nos acompaña en cada circunstancia difícil, porque aunque andemos por el valle de sombra de muerte, Él estará con nosotras.

En lugar de permitir que nuestro corazón nos lleve a la ansiedad y el temor, guiémoslo a la confianza en Aquel que dio Su vida en un madero a nuestro favor.

DE LA INSATISFACCIÓN AL CONTENTAMIENTO

Mi esposo y yo tenemos diez años de casados, y una de las cosas que tenemos en común es que amamos a los perros. Primero tuvimos una chihuahua hermosa, que todavía está con nosotros. Luego de varios años, quisimos otra más, porque esa no era suficiente, y nos quedamos ahí con dos perritas por siete años. Pero en mí siempre estuvo el deseo de tener un *golden retriever*; ese era el perro de mis sueños. Un día, mi esposo cumplió mi deseo y me regaló una *golden* a la que llamamos Luna.

Luna es una perra hermosa, pero además de su hermosura, tiene la característica de que ama las pelotas de tenis... creo que amar no es la palabra correcta; tiene una obsesión con estas pelotas. En la casa que vivimos, hay al lado una cancha de tenis de un club, y caen pelotas continuamente. Eso ha sido el cielo para ella. He llegado a tener diez o más pelotas rodando por toda mi casa y ella trata de usarlas todas al mismo tiempo.

Pero cada vez que cae una nueva pelota en el techo, ella se olvida de todas las que tiene y solo se enfoca en la que no puede tener. A pesar de que tiene tantas pelotas, nunca es suficiente, y no tener la que ella quiere se convierte en un dolor y agonía para ella.

¿No se parece esto a nuestras propias vidas? Muchas veces, podemos encontrarnos insatisfechas con nuestras circunstancias o con aquello que tenemos o no tenemos. Siempre queremos más o deseamos cambiar nuestras circunstancias, y perdemos de vista todo lo que tenemos mirando lo que no tenemos.

En nuestra naturaleza pecadora, es siempre tentador pensar que estaríamos mejor si tan solo... Si tan solo no tuviera esto, si tan solo tuviera más, si tan solo tuviera lo que ella tiene... Si tan solo (ponle tú el nombre), «todo estaría bien». La insatisfacción nos resulta natural, esa actitud de disconformidad y amargura hacia las diferentes circunstancias de nuestras vidas. Ese corazón que, sin importar las circunstancias en las que se encuentre, siempre quiere más o algo distinto, y una característica de sus labios es la queja.

Pero hay algo que solemos perder de vista, y es que el contentamiento no tiene nada que ver con un cambio de circunstancias sino con un cambio del corazón. Ahora, algo importante es que podamos reconocer que la insatisfacción es un síntoma de algo mucho más profundo, y así como en una enfermedad, los síntomas nos llevan a descubrir la aflicción que hay detrás, la insatisfacción debe ayudarnos a reconocer y tratar el problema de nuestro corazón.

La insatisfacción en nosotras revela un corazón que no confía en Dios. ¿Lo has pensado de esta manera? Cuando no nos sentimos contentas, satisfechas con nuestras circunstancias, lo que hay en nuestro corazón es esto, un corazón que dice: «Dios, no me siento segura de cómo estás haciendo las cosas». Es un corazón que no confía en Dios y termina en insatisfacción.

En medio de nuestra insatisfacción, necesitamos guiar nuestro corazón hacia el contentamiento. Mira lo que nos enseña la Palabra de Dios:

> No que hable porque tenga escasez, pues he aprendido a contentarme cualquiera que sea mi situación. Sé vivir en pobreza, y sé vivir en prosperidad. En todo y por todo he aprendido el secreto tanto de estar saciado como de tener hambre, de tener abundancia como de sufrir necesidad. Todo lo puedo en Cristo que me fortalece. (Fil. 4:11-13)

Este pasaje nos enseña que Pablo aprendió a contentarse. Aprendió a tener contentamiento más allá de sus circunstancias, porque como ya hemos visto, el contentamiento no tiene nada que ver con un cambio de circunstancias, sino con un cambio del corazón.

Vale la pena que veamos qué es el contentamiento. Podríamos decir que el contentamiento cristiano es la característica de un corazón que está confiado en su Señor y que de manera voluntaria se somete y se deleita en la amorosa, sabia, y paternal disposición de Dios para cada circunstancia. El contentamiento es la sumisión interior del corazón.

Pablo dice que él aprendió el secreto de tener contentamiento en cualquier situación. Gracias a Dios, este es un secreto a voces; mira lo que dice el tan conocido versículo 13: «Todo lo puedo en Cristo que me fortalece». Este es el secreto, esta es la clave del contentamiento.

Pero este versículo ha sido malinterpretado en múltiples ocasiones. Muchas personas lo conocen y lo usan como si fueran Popeye y Cristo su espinaca. Como si en Cristo pudieran lograr lo que sea que les llegue a la mente, lo que sea que quieran hacer.

Pero el significado de este verso va mucho más allá, es mucho más profundo que esta afirmación simple y fuera de contexto. Lo que Pablo nos está diciendo en este pasaje es que el secreto del contentamiento está en Cristo. Es que en Él yo puedo alcanzar contentamiento sin importar lo difícil de la circunstancia que esté viviendo.

En Cristo, puedo alcanzar contentamiento en medio de la enfermedad, en medio de la dificultad económica, en medio de la soledad, en medio de la rebeldía de un hijo, en medio de la circunstancia difícil en mi trabajo, en medio de cada una de estas situaciones: todo lo puedo en Cristo que me fortalece. Pablo aprendió contentamiento cuando aprendió que Cristo era suficiente para Él.

Yo puedo encontrar paz y gozo en medio de las circunstancias difíciles de mi vida cuando Cristo es mi perla de gran precio, cuando Él es mi tesoro, cuando mis ojos están puestos en Él. Ese es el secreto del contentamiento. Porque el contentamiento no tiene nada que ver con un cambio de circunstancia sino con un cambio de corazón, un corazón que tiene sus ojos fijos en Jesús.

Mi querida amiga, nuestra vida es frágil. Nuestras circunstancias cambian continuamente, pero nuestro Señor no cambia, y por esto nosotras podemos encontrar nuestra seguridad en Él, en nuestro Dios inmutable que tiene cuidado de mi vida aun en los más fuertes vientos. Mi seguridad está en Él y no en mis circunstancias. Por lo tanto, mis ojos deben estar en Él y no en lo que suceda a mi alrededor.

Necesitamos recordar que cada circunstancia que nos toque vivir de este lado del sol es temporal. Solemos vivir como si nuestra mejor vida fuera ahora y nos olvidamos de que somos peregrinas y extranjeras en este mundo (1 Ped. 2:11). Esta no es nuestra morada final. Nuestro hogar y nuestra mejor vida están por venir. Allí no habrá más llanto, ni más dolor, ni más decepciones, ni más enfermedad, ni más escasez ni pecado en nosotras. Todo esto pasará.

Mira lo que Pablo mismo, el hombre que aprendió contentamiento, nos dice en 2 Corintios 4:16-18:

Por tanto no desfallecemos, antes bien, aunque nuestro hombre exterior
va decayendo, sin embargo nuestro hombre interior se renueva de día
en día. Pues esta aflicción leve y pasajera nos produce un eterno peso
de gloria que sobrepasa toda comparación, al no poner nuestra vista
en las cosas que se ven, sino en las que no se ven. Porque las cosas
que se ven son temporales, pero las que no se ven son eternas.

Mi querida amiga, nuestro contentamiento se encuentra en Cristo y nadie más. Guiar nuestro corazón al contentamiento requerirá que fijemos nuestros ojos en Él, que, como hablábamos en el primer capítulo, podamos crecer en una relación con Él en la que lo amemos profundamente y depositemos toda nuestra confianza en que Él sabe lo que es mejor.

DE LA QUEJA A LA GRATITUD

Una de las cosas que más me impresiona de nuestra pecaminosidad al leer el Antiguo Testamento es lo propenso a la queja que fue el pueblo de Israel. En medio de la liberación que Dios les otorgó con hechos increíbles, lo que vemos es a un pueblo desagradecido:

Todos los israelitas murmuraron contra Moisés y Aarón, y toda la
congregación les dijo: «¡Ojalá hubiéramos muerto en la tierra de Egipto!
¡Ojalá hubiéramos muerto en este desierto! ¿Por qué nos trae el Señor a esta
tierra para caer a espada? Nuestras mujeres y nuestros hijos van a caer
cautivos. ¿No sería mejor que nos volviéramos a Egipto? (Núm. 14:2-3)

Entonces los israelitas tuvieron mucho miedo y clamaron al Señor.
Y dijeron a Moisés: «¿Acaso no había sepulcros en Egipto para que nos
sacaras a morir en el desierto? ¿Por qué nos has tratado de esta manera,
sacándonos de Egipto? ¿No es esto lo que te dijimos en Egipto: "Déjanos,
para que sirvamos a los egipcios"? Porque mejor nos hubiera sido servir
a los egipcios que morir en el desierto» (Ex. 14:10-12)

El pueblo murmuró contra Moisés diciendo: «¿Qué beberemos? (Ex. 15:24)

Cada vez que leo la continua queja del pueblo de Israel y veo las bondades de Dios, Su presencia y provisión continua para con ellos, mi corazón se indigna ante tal ingratitud... hasta que recuerdo que esa es una evidencia de mi propio corazón.

La queja es un pecado que nos sale de manera natural. Nuestros corazones son altamente propensos a olvidar: olvidar lo que Dios ha hecho y lo que Él ha dicho. Nuestros corazones orgullosos creen que saben qué es mejor y en nuestro orgullo, pensamos que Dios nos debe algo, y entonces nos quejamos.

Ahora, hay una diferencia entre el lamento y la queja. En el libro de los Salmos, encontramos expresiones de lamento en medio de circunstancias difíciles. Vemos a los escritores llevando delante de Dios su ira (Sal. 140) sus miedos (Sal. 69) su confusión (Sal. 102) y decepción (Sal. 74). Podemos llevar nuestros corazones abatidos delante del Señor y expresar nuestro verdadero sentir.

Algo más que agregar es que no necesariamente la expresión de todo descontento es algo malo. Hay cosas que podemos expresar que no nos gustan, y esto no necesariamente es pecado. Hay también circunstancias en las que otros están obrando de manera pecaminosa hacia nosotras, por ejemplo, mujeres que están en medio de circunstancias de abuso, en las que se hace completamente necesario que quien se encuentre en medio de ellas, hable con otros de esta situación, no con una expresión de cuestionamiento al Señor pero sí en busca de ayuda en medio de una situación dañina.

Algo que podemos ver es que la queja pecaminosa saca a Dios de la ecuación y fija sus ojos en las circunstancias. La queja está caracterizada por una ausencia de fe y un sentido de arrogancia. La realidad es que nuestra queja no es en última instancia una respuesta a nuestras circunstancias; es una respuesta hacia Dios. Cada queja en medio de mis circunstancias, por más pequeña y ordinaria que sea, es hacia Aquel que las orquesta. Y cada queja revela lo que creo acerca de Dios: si genuinamente creo que Dios es soberano sobre todas las cosas, que Él es quien controla nuestras vidas y que nada se le escapa.

«En un mundo donde las quejas sobre el clima y el estado de las carreteras son solo una conversación ordinaria, un cristiano agradecido brilla con el resplandor del evangelio».[1]

Ahora bien, como ya hemos mencionado, manifestaciones externas como la queja revelan un problema más profundo del corazón. En este caso, son un reflejo de un corazón ingrato. Fíjate que en diferentes ocasiones, la Palabra nos llama a ser agradecidos:

---

1. Hill, Megan. *»3 (Evangelistic) Reasons to Quit Complaining»*. 22 de septiembre de 2018. https://www.thegospelcoalition.org/article/3-evangelistic-reasons-quit-complaining/

Estén siempre gozosos. Oren sin cesar. Den gracias en todo, porque esta
es la voluntad de Dios para ustedes en Cristo Jesús. (1 Tes. 5:16-18)

Por nada estén afanosos; antes bien, en todo, mediante oración y súplica
con acción de gracias, sean dadas a conocer sus peticiones delante de Dios.
Y la paz de Dios, que sobrepasa todo entendimiento,
guardará sus corazones y sus mentes en Cristo Jesús. (Fil. 4:6-7)

Que la paz de Cristo reine en sus corazones, a la cual en verdad fueron
llamados en un solo cuerpo; y sean agradecidos. (Col. 3:15)

Estos son solo tres versículos, pero en la Palabra encontramos muchos más
que nos llaman a la gratitud. Y ¿sabes qué? Que esto sea algo a lo que la
Biblia nos llama nos revela algo importante sobre la gratitud: es una respuesta de obediencia, no un sentimiento que yo debo esperar a que llegue
en algún momento.

Aunque la gratitud involucra nuestras emociones, no está determinada por
ellas. Es el corazón agradecido el que debe controlar nuestras emociones.
Un corazón desagradecido no es poca cosa delante de Dios. Mira lo que
dice Romanos 1:21-23:

Pues aunque conocían a Dios, no lo honraron como a Dios ni le dieron
gracias, sino que se hicieron vanos en sus razonamientos y su necio corazón
fue entenebrecido. Profesando ser sabios, se volvieron necios, y cambiaron
la gloria del Dios incorruptible por una imagen en forma de hombre
corruptible, de aves, de cuadrúpedos y de reptiles.

¿Cuáles son las dos quejas de Dios aquí? No lo honraron como a Dios. No
le dieron gracias.

Luego de estas dos quejas, vemos las consecuencias de un corazón como
este. El pecado de la ingratitud es grave y no le damos la importancia que
deberíamos. Pero cuando tenemos un corazón ingrato, lleno de queja y
murmuración continua, que no glorifica a Dios ni le da gracias, estamos
tomando un camino que nos puede llevar a lugares de pecado que nunca
hubiésemos pensado llegar.

El Dr. James Kennedy dijo lo siguiente: «Una persona ingrata está a un
paso de obtener sus necesidades de maneras ilegítimas. Nunca cometerías
adulterio si estuvieras verdaderamente agradecida por tu esposo, no serías
tentada a robar si estuvieras satisfecha con lo que posees. No envidiarías los

talentos y las habilidades de otros si estuvieras agradecida por los que Dios te ha dado a ti. No serías orgullosa si estuvieras agradecida».[2]

Como creyentes, debemos ser intencionales en guardar nuestro corazón de la ingratitud y buscar estar atentas a algunas cosas que en nosotras pueden provocar la ingratitud. Aquí queremos mencionarte algunas:

Expectativas irreales, sobre la vida, sobre otros. En este mundo caído, las cosas no salen como esperamos. La gente nos va a fallar, las cosas van a salir mal, nuestros cuerpos se debilitarán, las malas noticias van a llegar. Necesitamos tener en mente que nuestra mejor vida no es ahora. Todavía no hemos llegado a nuestra morada final. Todavía vivimos en un mundo caído. Necesitamos recordar esta realidad continuamente y que este recordatorio nos lleve a anhelar el cielo, ese lugar en el que estaremos en la presencia de Cristo en todo tiempo y donde todo será perfecto.

Falta de memoria. Dios mismo le recordó al pueblo de Israel que, cuando entraran a la tierra prometida, se acordaran de Aquel que los había rescatado. «Acuérdate» es una palabra clave en el libro de Deuteronomio (Deut. 5:15; 8:18; 9:7; 32:7).

Cuando olvidamos la manera fiel en la que Dios ha obrado en nuestras vidas, nuestros corazones toman el camino de la ingratitud y la queja. Necesitamos guiar nuestros corazones continuamente a recordar: recordar la obra de Cristo a nuestro favor y cómo nos bendice día tras día.

Comparación. Un aspecto de la comparación que a veces pasamos por alto es ver lo que el otro hace pero con un sentido de orgullo, en el que estamos todo el tiempo buscando cómo nosotras somos mejores, y por lo tanto, nadie es capaz de alcanzar nuestro estándar. Cuando esto ocurre en nuestras vidas, la tendencia de nuestro corazón es a la ingratitud y la queja.

Estas son algunas de las cosas que pueden terminar provocando ingratitud en nosotras. Pero así como hay cosas que la producen, hay características distintivas de una persona agradecida. La persona agradecida es humilde, mientras que la ingratitud revela orgullo. Una persona agradecida revela humildad porque entiende que siempre va a estar mejor de lo que merece. No tiene exigencias y no cree que «Dios me debe algo» porque sabe quién es su Dios y quién es ella.

---

2. Aviva nuestros corazones. «Gratitud y paz». 15 de noviembre de 2021. https://www.avivanuestroscorazones.com/podcast/aviva-nuestros-corazones/gratitud-y-paz/

Pero el orgullo es el padre de la ingratitud, porque me lleva a pensar que nunca recibo lo que merezco. Me lleva a pensar que merezco mucho más, y así, mi corazón responde en queja ante todo aquello que en mi vana sabiduría entiendo que no debería ser lo que estoy recibiendo.

Un corazón agradecido se centra en Dios y es consciente de los demás, mientras que una persona malagradecida solo es consciente de sí misma. El corazón agradecido, en lugar de centrarse en sí mismo y en sus circunstancias, tiene sus ojos puestos en la bondad de Dios y todos sus beneficios para su vida (Sal. 103:2). Tiene sus ojos puestos en Su fidelidad a pesar de las circunstancias y vive consciente de que, para los que aman a Dios, todas las cosas cooperan para bien. Entonces, la respuesta de su corazón en lugar de queja es adoración. Si Él quita o Él da, bendito sea Su nombre (Job 1:21).

Como ya vimos, la gratitud es una respuesta de obediencia, pero a la vez, la misma Palabra nos enseña que Dios no anda buscando sacrificios; quiere un corazón humillado delante de Él. Por lo tanto, la gratitud que Dios está buscando no es una lista de cosas externas; Dios quiere que expresemos agradecimiento como fruto de un corazón verdaderamente agradecido. Ese es el corazón que debemos cultivar.

¿CÓMO PODEMOS CULTIVAR ESE CORAZÓN?

Rinde tus derechos al Señor. Vive en un reconocimiento de que toda tu vida la pertenece a Él. Todo es de Él. Él lo sostiene, Él gobierna. Él tiene la última palabra, no nosotras.

Concéntrate en la gratitud. Leer este capítulo no te volverá una persona agradecida. La gratitud, como cualquier otra virtud, toma tiempo y necesita ser cultivada. No lo dejes aquí, sé intencional en cultivar gratitud. Sé intencional en traer a tu mente continuamente aquellas cosas en tu vida por las que puedes dar gracias.

Expresa tu gratitud. Expresar nuestra gratitud a Dios y a otros es una manera en la que doblegamos nuestro corazón orgulloso. Verbaliza tu gratitud a al Señor por Sus bondades y expresa tu gratitud a otros.

Recuerda la cruz. La razón por la que podemos dar gracias en todo tiempo es por la obra de nuestro Señor Jesucristo. Quizás podemos sentir que estamos en medio de circunstancias difíciles y se hace difícil dar gracias, pero la realidad es que lo peor que te pudo haber pasado ya te pasó: tu separación de Dios, y eso Cristo ya lo resolvió en la cruz.

La cruz es ese lugar a través del cual Dios te hace hija.

La cruz es el lugar donde Él nos garantiza el cumplimiento de Sus promesas.

La cruz es el lugar en el que encontramos gracia y perdón.

La cruz es el recordatorio de que nuestra historia no ha terminado. Llegará el día en el que estaremos con Él por siempre y seremos como Él.

La cruz es el manantial del que fluye un corazón agradecido.

CÓMO GUIAR NUESTRAS EMOCIONES

Las emociones son parte de nuestro mundo interior como mujeres y de nuestro día a día. No hay un momento en el que no estemos experimentando alguna; es más, a veces pareciera que estamos en una montaña rusa de emociones. En un momento, podemos estar felices por una noticia que recibimos y al poco tiempo sentirnos frustradas por la falta de obediencia de nuestros hijos o esa amiga que no cambia.

Algunas temporadas de nuestra vida pueden estar caracterizadas por un sentido de alegría, mientras que otras se sienten como si estuviéramos envueltas en una nube negra de tristeza y desesperanza.

Día tras día, momento tras momento, nuestras emociones están presentes y forman parte importante de nuestro ser. Aunque a veces no se sienta de esa manera, nuestras emociones son un regalo, son parte de haber sido creadas a la imagen de Dios.

Algo importante que necesitamos tener en cuenta es que nuestras emociones están muy enraizadas a aquello que valoramos. Cuando nos encontramos con cosas que consideramos buenas, experimentamos felicidad y cierto sentido de satisfacción. Cuando nos encontramos con cosas que consideramos malas, experimentamos dolor o enojo.

Esta es una realidad que la vida misma de Jesús nos muestra. Vemos a Jesús voltear las mesas del templo y echar fuera a los que allí compraban y vendían porque estaban haciendo de Su casa cueva de ladrones (Mat. 21:12-13). También vemos a Jesús llorar por la muerte de su amigo Lázaro, aun sabiendo que Él mismo lo iba a resucitar (Juan 11:35).

Cada una de las emociones que Cristo experimentó eran completamente santas, porque en Él no había pecado alguno. Él siempre tuvo la motivación correcta, la perspectiva correcta, los valores correctos y, por lo tanto, las emociones correctas.

No así nosotras. Si bien es cierto que nuestras emociones son parte de lo que nos hace creadas a la imagen de Dios, no es menos cierta la realidad de Génesis 3. Luego de la caída, todo nuestro ser se ha visto afectado, y eso incluye nuestras emociones.

El pecado entró al mundo y, como parte de nuestra naturaleza, ha afectado nuestra perspectiva y aquello que valoramos, y si la manera en la que vemos las cosas y aquello que consideramos importante se ve afectado, nuestras emociones también lo harán:

- En ocasiones no logramos ver nuestros sufrimientos de la manera en la que Dios los ve y terminamos frustradas.

- Somos egocéntricas por naturaleza y valoramos nuestro tiempo y espacio, y nos enojamos si algo o alguien afecta nuestro espacio y nuestros planes.

Aun en medio de aquello que sabemos que no es agradable a Dios, experimentamos placer y deleite. Viendo esta realidad, podemos decir sin lugar a dudas que nuestras emociones, que vienen de un corazón pecador, no fueron diseñadas para gobernarnos. Así como nuestros corazones no fueron diseñados para guiarnos, nuestras emociones tampoco deberían hacerlo.

En lugar de dejarnos llevar por nuestras emociones afectadas por el pecado y por la condición de nuestro corazón, necesitamos guiarlas a Jesús y rendirlas a Su control.

¿QUÉ HACEMOS CUANDO NUESTRAS EMOCIONES QUIEREN TOMAR EL CONTROL?

Si nuestras emociones no deben ser aquello que nos guíe sino que necesitan ser guiadas, ¿qué hacemos cuando el enojo, por razones incorrectas, quiere tomar el control? ¿Qué hacemos cuando la tristeza sin razón aparente nos inunda? ¿Qué podemos hacer cuando nuestras emociones quieran tomar el control? Aquí te comparto algunas recomendaciones:

Aprende a filtrar tus emociones. Como creyentes, necesitamos aprender a evaluar nuestras vidas a la luz de la Palabra que es sólida, objetiva e inmutable (Sal. 119:130 ; 119:147).

Necesitamos aprender a decirnos: «Esto es lo que siento pero, ¿qué dice Dios al respecto?». Debemos aprender a pasar nuestras emociones por el filtro de la Palabra e ir a Él en búsqueda de Su perdón cuando hemos pecado contra Él, recordando que hacemos esto con confianza, y sabiendo que en Jesús encontramos gracia para la ayuda oportuna (Heb. 4:16).

Busca que tu mente sea renovada. La Biblia nos enseña que las meras normas externas no tienen poder contra los apetitos de la carne (Col. 2:23). Si nuestras emociones están enraizadas en aquello que consideramos valioso e importante, antes de correr a buscar cambiar mis emociones, necesito correr a la fuente que renueva mi mente (Rom. 12:2) y alinear mi corazón con el de Él.

Que nuestras emociones puedan ser sometidas a la autoridad de Cristo requiere de una mente transformada por el poder de Su Palabra a través del obrar del Espíritu Santo. Es a través de las Escrituras que podemos crecer en nuestro conocimiento de Cristo, tener una mente renovada y entonces responder, en el poder del Espíritu, en obediencia y fe.

Vive tu fe. La fe no es un sentimiento ni una emoción. Es creer que Dios hará lo que Él ha dicho y que Él es digno de ser obedecido (Heb. 11:6). Muchas veces nos llenamos de ansiedad o de temor porque no creemos que Dios puede hacer aquello que ha prometido. Si estamos en Cristo, necesitamos recordarnos continuamente que en Él todas las promesas de Dios son seguras (2 Cor. 1:20).

Cuando nos invada el temor y nuestro corazón se llene de ansiedad, corramos a Jesús, Aquel que nos ha prometido que no nos dejará (Mat. 28:20). Aquel que no echa fuera a todo el que se le acerca (Juan 6:37). Aquel cuyas obras están llenas de bondad (Sal. 145:9). Ese que fue capaz de entregar Su propia vida y amarnos hasta el final (Juan 13:1).

Y en medio de eso, pídele a Dios que te ayude en medio de tu incredulidad. Que te ayude a creerle a Él y a vivir bajo la realidad de Sus promesas seguras en Cristo.

Apóyate en la familia de la fe. Necesitamos aprender a llevar vidas de dependencia. Esta idea de que podemos solas y que no necesitamos de nadie más que nos ayude a ver nuestras faltas y a llevar nuestras cargas no es bíblica; y si no es bíblica, jamás resultará en nuestro bien.

Seamos intencionales en tener personas a nuestro alrededor a las que podamos acudir cuando sintamos que nuestras emociones están en el lugar incorrecto y no sepamos qué hacer. Necesitamos que otros nos ayuden a no ensimismarnos, a ver nuestros puntos ciegos y que nos recuerden la verdad cuando la hemos perdido de vista (Heb. 3:13).

SU CONTROL NO EL NUESTRO

Si te dijera que lo que tienes que hacer es tomar el control de tus emociones y todo quedaría resuelto, te mentiría, porque ese es justamente nuestro problema. Nuestro problema frente al enojo pecaminoso, la ansiedad o el temor es que tratamos de tomar las riendas por nosotras mismas, actuamos en nuestra propia fortaleza y terminamos otra vez en el mismo lugar de antes, y a veces peor.

La respuesta para el control de nuestras emociones es que el amor de Cristo sea lo que nos controle (2 Cor. 5:14). Necesitamos soltar las riendas y correr a Aquel que tiene el poder para llevarlas. Necesitamos dejar de tratar en nuestras fuerzas a través de solo normas y reglas, y buscar conocerlo a Él profundamente, para que nuestro amor por Él crezca. Así podremos obedecerle, para que nuestras mentes sean renovadas y que aquello que consideremos importante sea cada vez más alineado con Él.

Necesitamos correr a Jesús y reconocer que no podemos, pero Él sí puede. Necesitamos correr a Jesús y recordar que por Su obediencia perfecta y el poder de Su Espíritu Santo que obra dentro de nosotras podemos obedecer Su Palabra. Necesitamos correr a Jesús porque Él nos sostiene cuando sentimos que nos hacemos pedazos, porque Él es el buen Pastor que nos guía y calma cuando nos sentimos desesperadas. Necesitamos correr a Jesús, Aquel que por la agonía sufrida en la cruz, hoy nos ofrece Su paz (Isa. 53:5).

Capítulo 4
La mujer y sus relaciones

Tuve la oportunidad de ver la película *Náufrago*, con Tom Hanks. La trama se basa en un empleado de FedEx que viajaba en uno de los aviones de carga de paquetes de la compañía. El avión tuvo un accidente y el personaje de Hanks quedó como único sobreviviente, varado en una isla, náufrago.

Con momentos de silencio, la película transmite la soledad que ese hombre sentía. No había otra voz que oír, no había nadie para conversar. Era tanta su necesidad de conversación que, al ver uno de los paquetes que contenía una pelota de voleibol marca Wilson, el naufragó le pintó con su sangre una cara a la pelota y comenzó a hablar con ella. Estaba tan compenetrado con «Wilson», que al momento de intentar zarpar de la isla, se llevó consigo a «su amigo». Sucedió que, mientras zarpaba, producto de un fuerte viento, Wilson saltó al agua. El náufrago, al ver la partida de su amigo, lloró inconsolablemente su pérdida.

Quizás ninguna de nosotras haya pasado o tendrá que pasar por una experiencia de soledad tan grande, pero si te llegara a ocurrir, no dudaría de que tuvieras la misma necesidad de comunicación y compañía que sintió él, porque Dios no nos creó para vivir en soledad, sino para vivir en comunidad, para tener relaciones afectuosas y de intimidad emocional con otros.

Dios mismo, en Su Trinidad (Gén. 1:26), refleja esta interacción, no porque necesite algo, sino para hacernos ver la hermosura de la vida en comunidad. Y esa misma verdad de que necesitamos compañía es reafirmada cuando Dios ve a Adán y dice: «No es bueno que el hombre esté solo; le haré una ayuda adecuada» (Gén. 2:18).

Aunque tanto el hombre como la mujer fuimos hecho a la imagen y semejanza de Dios, lo cual significa que ambos en nuestro género reflejamos de forma especial el carácter de Dios, ha sido a nosotras, las mujeres, a las que Dios nos dotó con la capacidad de relacionarnos más fácilmente.

Por eso es que somos nosotras las que tenemos la capacidad de hablar dos veces más que el hombre. Nosotras nos inclinamos más a la ternura, a la compasión; de hecho, la ciencia lo confirma. Hormonalmente, la mujer está dotada de más oxitocina que el hombre. La oxitocina es la hormona que ayuda a la conexión emocional. Al abundar más en la mujer que en el hombre, a nosotras se nos hace más fácil la conexión emocional con los que nos rodean. ¡Esa es una de las bellezas distintivas de nuestro género!

Pero esa conexión muchas veces no se da de forma saludable, y en vez de ser relaciones que complazcan y glorifiquen a nuestro Dios, se convierten en relaciones hostiles en las que hacemos daño y nos hacen daño.

En este capítulo, es mi deseo poder explicar más ampliamente la necesidad y belleza de las relaciones, profundizar en aquellas en las que todo ser humano es propenso a pecar, y dejarlas con algunos consejos de cómo lidiar con aquellas relaciones difíciles y cómo convertirme en una amiga que expresa amor de la forma correcta. La meta: amar como Cristo amó.

EL EVANGELIO EN MIS RELACIONES

El diccionario define la palabra «relación» como la conexión o comunicación de alguien con otra persona. También la define como un trato de carácter amoroso. Como pudimos ver en la introducción a este capítulo, los seres humanos somos seres relacionales; por lo tanto, establecer un trato con otra persona es prácticamente inevitable.

La pregunta sería: ¿qué tan amoroso es mi trato? ¿Qué tan buena representante de nuestro Dios estoy siendo aquí en la tierra al observar la dinámica en mis relaciones de amistad, de familia y hasta laborales?

Si observamos el relato de los primeros capítulos de Génesis, podemos ver cómo lucía la relación entre Dios y Sus criaturas y entre Adán y Eva. Todo era perfecto, Dios se paseaba por el huerto y Adán y Eva se gozaban mutuamente. Todo iba muy bien, hasta que leemos lo que pasó en Génesis 3. Cuando el pecado entró en la humanidad producto de la desobediencia, todo se distorsionó.

El pecado hizo que se dañará nuestra comunión con Dios y con los demás, haciendo de las relaciones interpersonales algo difícil. De ahí en adelante, nuestra manera de actuar hacia el otro está influenciada por la desconfianza, el egoísmo y la búsqueda de mis intereses, cosas que casi siempre contribuyen a crear o alimentar las tensiones o las diferencias que vemos en nuestras relaciones.

Pero Dios no nos dejó sin una solución a este problema. Ahí mismo en Génesis 3, se nos anuncia la esperanza. Un salvador iba a venir a restaurar todo lo que el pecado había dañado (Gén. 3:15), y así fue. Jesús es ese Salvador que pagó un alto precio por nuestra restauración.

En la cruz, Jesús pago por nuestros pecados, por lo cual, aunque vivimos en un mundo con presencia de pecado, ya no tenemos que pagar por él y el pecado ya no tiene poder sobre nosotras. Somos libres, fuimos perdonadas y lo más importante en cuanto a nuestras relaciones interpersonales: el evangelio nos ha capacitado, nos ha dado las herramientas para poder tener relaciones sanas aun con nuestro pecado y con el pecado del otro hacia nosotras.

De esta forma, el evangelio me ha capacitado:

Me ha enseñado que somos pecadores con necesidad de un salvador. Tener presente esa realidad espiritual de mi vida me prepara para entender mejor las respuestas pecaminosas del otro hacia mí. Cuando el otro me ofende, cuando el otro no se porta consideradamente conmigo, debo inmediatamente recordar que, si el ofensor es creyente, en él aún hay áreas de pecado a rendir al Señor. Yo sé que es desalentador ver a alguien que conoce el evangelio actuar de forma pecaminosa, aun cuando sabemos que el pecado no tiene poder en nosotros, pero es ahí donde entra la misericordia que Dios tiene todos los días con nosotras, la misma que debo extenderles a ellos.

Si el ofensor no es creyente, el evangelio me recuerda que esa persona está muerta en sus delitos y pecados, por lo que no puede relacionarse con otros de una forma funcional o piadosa.

El evangelio me muestra que yo soy pecadora. El evangelio no solo me dice que el otro es pecador, sino que yo también lo soy. Ser consciente de eso ante cualquier conflicto relacional debe motivarme a revisar si mis palabras o actitudes también han contribuido al malestar. Santiago 4:1 nos recuerda que las guerras y conflictos vienen de nuestras propias pasiones, de nuestro corazón pecaminoso.

El evangelio me dota con la capacidad de amar. El amor es la marca distintiva del creyente. En Juan 13:35, Jesús nos dice: «En esto conocerán todos que son Mis discípulos, si se tienen amor los unos a los otros». Un corazón amoroso es un corazón misericordioso, porque el amor es esa capacidad de entregar afecto al otro, aun sin merecerlo. Y eso fue lo que hizo Jesús por nosotras, amarnos hasta el punto de entregarse en una cruz para otorgarnos salvación (Juan 3:16). La misma Palabra nos advierte que nos es más fácil amar a quienes nos aman, pero nos recuerda que en esto no hay ningún mérito (Luc. 6:32). Nuestro Señor Jesús marcó el estándar y lo puso bien alto: «Amen a sus enemigos» (Luc. 6:35). Suena muy difícil, pero el evangelio nos ha capacitado para hacerlo.

El evangelio me enseña cómo el ofendido es quien da el paso para la reconciliación. En nuestra humanidad, entendemos que es el ofensor quien debe venir a pedir perdón o a iniciar la reconciliación, pero el evangelio nos enseña que, aun mientras éramos enemigos de Dios, Él vino a reconciliarnos con Dios (Rom. 5:10-12). Dar el paso o procurar la reconciliación es imitar a nuestro Señor y si Él, siendo Dios, se humilló hasta lo sumo (Fil. 2), ¿por qué yo no?

El evangelio nos enseña que las relaciones interpersonales saludables muchas veces implican sacrificios personales. Las palabras de Filipenses 2:6-8 lo explican muy bien: «el cual, aunque existía en forma de Dios, no consideró el ser igual a Dios como algo a qué aferrarse, sino que se despojó a sí mismo tomando forma de siervo, haciéndose semejante a los hombres. Y hallándose en forma de hombre, se humilló a sí mismo, haciéndose obediente hasta la muerte, y muerte de cruz». Jesús por amor a nosotros dejo su gloria, sufrió pérdidas, se humilló.

El desprendimiento de nuestros derechos y de nuestras posiciones es una de las cosas por las que el corazón más batalla. Mirar a Jesús y ver lo que hizo debe de ser motivación suficiente para hacerlo.

Señor, gracias por la cruz. Sin ella, no veríamos claramente lo que te costó que pudiéramos tener una relación contigo. Gracias por tu evangelio, que nos indica cuál debe ser el enfoque de una relación, que me ilustra el extraordinario valor que tienen las relaciones, que me advierte de las aflicciones que voy a encontrar en ellas producto de nuestro pecado. Gracias, Señor, por el evangelio que me enseña cómo sanarlas.

AMIGAS COMO HERMANAS

Hoy en día, con toda la tecnología que nos rodea, podemos creer el engaño de que tenemos muchos amigos. Facebook llama a todos tus contactos «amigos», independientemente del grado de cercanía o de afecto que tengas con ellos. Pero es curioso ver cómo esta aplicación te ayuda a discriminar aun entre los amigos cuál información compartir. Y es una realidad, hay amigos que son conocidos, pero hay amigos que son más que un hermano, y es con ellos con quien termino compartiendo las intimidades de mi vida.

Esta clasificación de amigos por grado de intimidad la podemos ver en la vida de nuestro Señor Jesús. La Biblia habla de Su relación con la multitud (Mat. 8:1), Su relación con setenta discípulos (Luc. 10:1), y aunque estos eran llamados Sus discípulos, en los Evangelios vemos que había un grado de intimidad mayor con los doce (Mat. 10:1) y aún un mayor grado de intimidad con tres de ellos, Pedro, Juan y Jacobo, quienes presenciaron el milagro de la transfiguración (Luc. 9:28). Así que, cuando pienses en tus amigos, recuerda que de forma natural se va a dar un grado de intimidad con algunos más que con otros.

Es bueno notar que las amistades deben construirse de manera natural, sin imposición ni a la fuerza. Me gusta mucho cómo mi amiga Patricia dice que la amistad fluye y crece cuando hay un «ajá, tú también». Sin duda, entre amigas y como hermanas, debe haber una afinidad, es decir, gustos similares, temas en común, a veces hasta una misma etapa de vida, cosas que van ayudar a una mejor compenetración.

La amistad tiene beneficios y también deberes. Hablemos primero de los beneficios.

El rey Salomón, el hombre más sabio que ha existido y quien experimentó todos los placeres que la vida puede dar, habló de las bendiciones de la vida de intimidad en comunidad. En Eclesiastés 4:9-12, nos cuenta que hay un mejor resultado en el trabajo cuando este se hace en compañía de otro (v. 9); que con un amigo, puedo recibir ayuda en tiempo de necesidad (vv. 10-11); nos cuenta cómo ellos nos protegen y cuidan de nosotras (v. 12).

Pero la amistad también tiene deberes, y al leer cada uno de ellos, te animo a que reflexiones si tú misma cumples con esas características que buscas en tu amiga.

El amigo ama. Proverbios 17:17 declara: «En todo tiempo ama el amigo, y el hermano nace para tiempo de angustia». En todo tiempo, en las buenas y en las malas, sin ninguna condición y a la manera de 1 Corintios 13, con paciencia, sin irritarse y soportando todo. Esta clase de amiga es bondadosa, sin actitudes envidiosas, no es orgullosa ni arrogante y nunca egoísta. ¿Has podido ser tú esa amiga?

El amigo es fiel. Una publicación inglesa ofreció un premio a la mejor definición de amigo, y entre los miles de respuestas recibidas se encuentran las siguientes:

«Quien multiplica las alegrías y divide las penas».
«Uno que entiende nuestro silencio».
«Un volumen de condolencias encuadernado en tela».
«Un reloj que late fielmente para siempre y nunca se agota».
Pero aquí está la definición que ganó el premio: «Un amigo, el que entra cuando todo el mundo se ha ido».[1]

El amigo no está solo en los tiempos de bonanza. El amigo está en los momentos de crisis, es ahí en donde se prueba el quilate o el calibre de tu amistad. Recuerdo lo que dice el proverbio que cité anteriormente: «en todo tiempo».

El amigo cede. Por el bien de la amistad, hay cosas en las que hay que ceder. Puede que yo tenga el derecho o la razón, pero Cristo ya nos modeló lo que hay que hacer. Renunció a Sus privilegios por amor, no consideró Su posición y se humilló (Fil. 2). Hay situaciones que se van a presentar en la relación de amistad que van a requerir que te despojes de tus derechos y que te humilles con el objetivo de conservar esa amistad.

El amigo se sacrifica. Jesús dijo: «Nadie tiene un amor mayor que este: que uno dé su vida por sus amigos» (Juan 15:13). A veces, el amor por los amigos va a requerir que yo deje de hacer cosas que quiero hacer, visitar lugares a los que puedo ir, despojarme a veces de mis espacios y sacrificar mi tiempo en beneficio de ellos.

El amigo escucha. Hay momentos en donde la persona amada solo necesita un oído que la escuche, una persona a la que le tenga confianza y con la cual se pueda desahogar y abrir su corazón sin miedo a ser juzgada, corregida en ese momento o criticada.

El amigo confronta cuando es necesario. Hay momentos en que, como amiga, solo me toca escuchar y no hablar. Pero hay momentos en donde sí me toca hablar y confrontar. Uno de mis versículos favoritos es

---

1. Tan, Paul Lee. *Encyclopedia of 7700 Illustrations.*

este: «Fieles son las heridas del amigo, pero engañosos los besos del enemigo» (Prov. 27:6).

Quién mejor que un amigo para señalarme mis faltas y no dejarme igual. Cuando a mí me importa alguien, quiero verlo crecer y avanzar, y muchas veces, dejarlo en el error retrasará ese crecimiento. Si eres una amiga fiel, no temas decir lo que tengas que decir; claro, siempre con gracia y con verdad.

Si tu amiga reúne esas condiciones, atesórala y dale gracias a Dios por la provisión de ese ser especial en tu vida. Por otro lado, si tú no eres una amiga que cumple con sus deberes, te animo a que comiences a ser intencional y crecer en esas áreas, para poder ser de bendición para aquella persona a quien amas. Las relaciones son como un árbol. Hay que regarlas, abonar la tierra. No son algo silvestre, necesitan un esfuerzo personal, una intención de hacer cosas en pro del crecimiento de la amistad.

Es mi deseo de que, si no la tienes, pronto puedas decir de esa amiga que ella es más unida a ti que un hermano (Prov. 18:24).

LA RELACIÓN ENTRE SUEGRA Y NUERA

Por mucho tiempo, se ha descrito la relación entre suegras y nueras como una relación conflictiva y compleja. Ha sido insumo de numerosos chistes que circulan en la web. Muchos se cuestionan si esta tiranía es real o si simplemente la sociedad, con sus chistes y comentarios, ha predispuesto a los agentes en esta relación llevándolos desde un principio a relacionarse de forma estresante.

A juzgar por lo que se escucha en los salones de consejería, la relación entre suegra y nuera es difícil. Cuando oigo las historias, pienso en un salón de baile en donde las personas que están en la pista, al no saber bailar, se tropiezan unas con otras. Producto de los choques y tropezones, no solo quedan los moretones que con el tiempo se van, sino que también quedan los malos recuerdos y el deseo de no volver a bailar otra vez junto a esas personas.

Lo que me sorprende es que esta tirantez no es nueva. En el Antiguo Testamento, encontramos relatos de una relación tensa entre Rebeca y sus nueras:

«Cuando Esaú tenía 40 años, se casó con Judit, hija de Beeri, el hitita, y con Basemat, hija de Elón, el hitita; y ellas hicieron la vida insoportable para Isaac y Rebeca». (Gén. 26:34-35)

«Luego Rebeca le dijo a Isaac:—¡Estoy harta de estas mujeres hititas de aquí! Preferiría morir antes que ver a Jacob casado con una de ellas». (Gén. 27:46, NTV)

Así que, como ves, este mal no es de ahora. Lo que te toca como creyente, seas nuera o seas suegra, es hacer lo que dice Romanos 14:19, y buscar la armonía, la paz y tratar de edificar a los otros. Así que nos toca aprender a bailar todas juntas sin tropezarnos, de una forma que sea disfrutable y que refleje el carácter de Cristo, en aquellas que son creyentes.

Es mi objetivo poder ayudarte a ver algunas de las situaciones y formas de pensar que contribuyen a una mala relación entre suegras y nueras. Ya sea que seas nuera o suegra o que lo vayas a ser, estar apercibida de estos puntos te va a ayudar a entender mejor tu relación y a evitar caer en estas faltas.

He ido a muchas bodas y nunca nadie pone los ojos en la mamá del novio. Todo el mundo fija su mirada en la hermosa novia. Todos están contentos por ella, por la nueva etapa de vida en la que va a entrar. Pero ¿y la madre del novio? Nadie piensa en los cambios que ella también está sufriendo. Ciertamente, ese es el día de celebración de los novios, pero en el altar, no solo lo hijos dejan su hogar, sino que también unos padres están entregando a uno de los suyos y cortando un cordón de dependencia, que muchas veces les toma un tiempo asimilar.

En el caso de las suegras y nueras, hay dos mujeres con un amor incondicional hacia ese hombre. Un amor diferente: una lo ve como su príncipe y la otra lo ve como su niño. Lo importante a entender aquí es que ambas sienten un amor profundo por él.

Ese es el primer punto de conflicto: cuando a la suegra le toma tiempo entender su nuevo rol y a la nuera le falta paciencia para entender que ella está en un proceso de cambio de rol. Según el grado de madurez de la madre, será mayor o menor la rapidez en el cambio, pero le toca a la nuera ser paciente y misericordiosa, mostrar a Cristo y esperar que, poco a poco, se dé el cambio.

Hay un segundo punto de conflicto entre estas dos mujeres, y es la ignorancia a los mandatos bíblicos. Por un lado, vemos a una suegra que probablemente se resista a los cambios después de la boda. Una suegra piadosa abraza y procura que se cumpla el mandato de Génesis 2:24: «Por tanto el hombre dejará a su padre y a su madre y se unirá a su mujer, y serán una sola carne».

Por el otro lado, la nuera no procura cumplir con el mandato bíblico de honrar al padre y a la madre, un mandato que vemos en Éxodo 20 y que es ratificado en Efesios 6. Fíjate que Efesios 6:1 dice: «Hijos, obedezcan a sus padres en el Señor, porque esto es justo». Nota que esa obediencia es «en el Señor», lo que quiere decir que esa obediencia es buena siempre y cuando no violente ningún otro principio bíblico, y específicamente este de Génesis 2:24.

Otro grave error en la relación entre suegra y nuera es la falta de tolerancia mutua. Esa falta de tolerancia se debe a varios factores. El primero es la brecha generacional que sin duda existe. Recuerdo una situación con mi suegra, en la que, si ella no hubiese sido una mujer de Dios, habría podido darse un conflicto entre nosotras.

Ella crio cinco hijos, lo cual era prueba suficiente de que tenía la experiencia de cómo bañar a un niño. Pero, en mi caso, yo tenía información nueva que aportaba beneficios a la salud, sobre todo auditiva, del niño. En ese momento, mi suegra tuvo mucha paciencia, escuchó toda mi información y, gracias a su humildad, dejó atrás su experiencia y abrazó la información. Por un lado, eso dio paso a que no ocurriera un conflicto. Por otro lado, ambas pudimos beneficiarnos tanto de la experiencia como de la información, y disfrutar juntas del baño del niño.

En ese mismo punto de la falta de tolerancia, además de la brecha generacional, hay otros aspectos que podrían influenciar. Las diferencias culturales, sociales y religiosas podrían ser detonantes en una relación entre suegra y nuera. Por ejemplo, si tu nuera es de otra cultura, debes entender que hay formas de hacer las cosas, de pensar y de celebrar que son muy diferentes a las tuyas. Tiene que haber un manto de tolerancia para soportar las formas que trae el otro desde su hogar. Si eres una suegra sabia, vas a poder comunicar con dulzura tus sugerencias, y si eres una nuera humilde, vas a poder escucharla y, en la medida de lo posible, complacerla.

Un tercer punto de conflicto—y para mí, uno de los más graves—es la falta de límites claros dentro de la relación entre suegra y nuera. Los autores Cloud y Towsend, en su libro sobre límites en el noviazgo, definen un límite como una línea de propiedad: «De la misma forma que una cerca marca dónde termina tu patio y empieza el del vecino, un límite personal distingue cuál es tu propiedad emocional y personal, así como lo que pertenece a otra persona. Tú no puedes ver tu propio límite. Sin embargo, puedes decir que está allí cuando alguien lo traspasa». El autor continúa diciendo: «Los límites sirven para dos funciones importantes. Primero, nos definen. Los límites muestran qué somos y qué no; en qué estamos de acuerdo y con lo que no coincidimos; qué amamos y qué detestamos. Su segunda función es protegernos. Los límites mantienen cerca las cosas buenas y alejan las malas»[2]. Ambas partes en la pareja deben poner límites en su relación. Los límites físicos y económicos son los más quebrantados. Saber hasta dónde cada uno debe de llegar va a contribuir al bienestar de la relación.

Otro error que se comete es la falta de confrontación bíblica; el proceso de traer verdad. La confrontación es una corrección basada en la Palabra de Dios. En la confrontación, debe darse esta combinación clave de la cual habla nuestro Señor Jesús cuando nos manda a imitarlo a Él, quien está lleno de «gracia y verdad» (Juan 1:16-17).

La gracia ayuda a que comuniques la verdad de una forma que sea bien recibida; sobre todo, cuando lo haces a tiempo. Imagínate que pasaría en una casa donde hay un cúmulo de gas y prendes un fósforo. Todo va a explotar. Evita que se acumule el gas de la falta de comunicación, y que un día, el fósforo de la diferencia se prenda por el cúmulo y la relación explote.

El último error que no puedo dejar fuera es el de tener expectativas incorrectas. La suegra y la nuera, aun siendo creyentes, son pecadoras. Su naturaleza pecaminosa va a evidenciarse en algún momento y podrá causar daños. Si son creyentes, puedes estar segura de que el Espíritu Santo terminará produciendo el cambio. Si la otra no es creyente, debes entonces pedir un extra de paciencia, porque es a ella a quien debes testificarle. Tú puedes ser el instrumento que traiga a esa persona a los pies del Señor. Quizás seas la única Biblia abierta que esa persona pueda leer.

Tal vez, al leer todos estos puntos, hayas concluido que has fallado en todos o en alguno de ellos. Te podrías preguntar: «¿Qué debo hacer?». Lo primero es pedir perdón a Dios y luego a la persona que has ofendido, independientemente de que ella entienda o no. Y lo segundo es procurar que de ahora en adelante seas intencional en mostrar el carácter que tuvo Cristo. Mira lo que nos dice Gálatas 2:20: «Mi antiguo yo ha sido crucificado con Cristo. Ya no vivo yo, sino que Cristo vive en mí. Así que vivo en este cuerpo terrenal confiando en el Hijo de Dios, quien me amó y se entregó a sí mismo por mí» (NTV).

---

2. Cloud, Henry, y Townsend, John. *Límites en el noviazgo* (Miami: FL, Editorial Vida, 2003), edición para Kindle.

Que Dios te dé todo lo que necesitas para entrar al salón de baile y bailar con esa persona de una forma que glorifique a Dios en todo tiempo.

CÓMO RELACIONARSE CON PERSONAS DIFÍCILES

¿Alguna vez has pensado que tu vida sería más placentera si determinada persona no estuviera en ella? ¿Alguna vez te has preguntado por qué Dios la puso tan cerca de ti? Si miras a tu alrededor, te vas a encontrar con otras personas que también se hacen la misma pregunta, porque a todos, en una proporción mayor o menor, nos toca lidiar con personas difíciles en nuestra vida. Si lo piensas bien, para nosotras las creyentes, esas personas son una bendición. Sí, leíste bien: una bendición. Ellas nos bendicen porque son instrumentos de transformación en la mano de nuestro Dios, y gracias a estos roces, nuestro carácter es moldeado para parecernos más a Cristo.

El trato con esas personas es difícil por dos razones: (1) es una persona disfuncional, con formas de pensar complejas, alguien difícil de tratar, conflictivo, argumentativo, etc., o (2) es una persona difícil, pero solo para mí, producto de que en experiencias pasadas, con su trato, hemos tenido algún choque de opiniones. Tuvimos alguna diferencia que no manejamos bien, esa persona me ofendió y nunca pidió perdón, o simplemente por su personalidad, su trato y su forma, no la tolero.

Ya sea que la persona en verdad sea difícil o que yo simplemente no la tolere y para mí sea una persona complicada, los humanos, en nuestra carne, tendemos a protegernos de no entrar en un ambiente de incomodidad, por lo que el mecanismo de defensa que solemos usar es alejarnos, distanciarnos, y a veces lo hacemos con la piadosa excusa de que la Biblia dice que todos debemos procurar la paz en todo tiempo. Pero la misma Biblia me dice que mi corazón es engañoso (Jer. 17:9), por lo que esa retirada de mi parte puede no ser por un deseo de procurar la paz sino por un deseo egoísta y pecaminoso de no ser herida nuevamente, de no tolerar las formas del otro o no querer invertir el esfuerzo que implica ayudar al otro a comportarse de una manera funcional.

Ciertamente, no podemos negar que habrá momentos y personas que requieran un alejamiento. La pregunta es si la motivación de mi corazón es la correcta. Filipenses 2:1-3 habla mucho de las relaciones, y en este punto en especial, el versículo 3 nos sirve como un cedazo para las motivaciones del corazón y nos dice que no hagamos nada por egoísmo, porque sin duda es el egoísmo la motivación principal que nos lleva a no verternos en el otro, a alejarnos de todo lo que nos cueste esfuerzo y nos dé trabajo.

Sabiendo todo el potencial de mi corazón, la pregunta clave aquí es: ¿qué quiere Dios que hagamos? La Biblia está repleta de instrucciones al respecto. La primera, que me confronta grandemente, es cuando en Lucas 6:32 dice: «Si aman a los que los aman, ¿qué mérito tienen? Porque también los pecadores aman a los que los aman». Y sigue más adelante diciendo: «antes bien, amen a sus enemigos, y hagan bien, y presten no esperando nada a cambio» (v. 35).

Amar a quienes nos aman es cosa fácil. Amar a un enemigo, humanamente hablando, es imposible. Si le compartes esa idea a alguien no creyente te va a decir que es una insensatez, pero para nosotros, los hijos de Dios, amar a un enemigo no es algo que no hayamos visto antes. Dice la Biblia que Dios nos ha amado con amor eterno. Es decir, que desde nuestra concepción, Dios ya nos amaba. Pero al tiempo de amarnos, la Biblia nos dice que antes de traernos y llamarnos Sus hijas, Dios nos catalogaba como Sus enemigas (Rom. 5:10). Mientras éramos Sus enemigas, Dios dio el paso para la reconciliación. El ser perfecto vino a buscarnos a nosotras, las disfuncionales, nos puso en Su familia (Juan 1:12) y nos ha brindado un amor incondicional (Jer. 31:3). Nota que el amor de Dios no es un amor indulgente. En Su amor, Él nos corrige (Heb. 12:6), nos confronta, nos disciplina. Es decir que Dios, aun amándonos, pone límites saludables para hacernos entender lo que está bien y lo que está mal. Pero nunca desaparece de nuestras vidas, y está siempre dispuesto a oírnos.

Hay otras instrucciones que nos da Dios a través de Su Palabra. Efesios 4:2 nos manda a «que vivan con toda humildad y mansedumbre, con paciencia, soportándose unos a otros en amor». Ese soportar es tolerar. Es esa misma actitud la que el apóstol Pablo describe en 1 Corintios 13:7 al hablar del amor. Dice que el amor todo lo soporta. Nos manda a perdonarnos los unos a los otros. Te creo completamente si me dices que esa persona difícil te hirió. Pero la Biblia no está de acuerdo con nosotras cuando albergamos sentimientos de rencor y falta de perdón por el daño recibido. La Biblia no solo es clara en cuanto a nuestro deber de tener una constante actitud de perdón, sino que es clara en cuanto a por qué mantenerla en todo tiempo.

Colosenses 3:13 dice: «soportándose unos a otros y perdonándose unos a otros, si alguien tiene queja contra otro. Como Cristo los perdonó, así también háganlo ustedes». La razón principal para otorgar el perdón a alguien que me haya lastimado es que yo, una pecadora, le ha hecho mayor daño y ofensa al Dios santo, y en Cristo, ese Dios santo le ha otorgado el perdón a esta pecadora. Cuánto más se lo debo yo dar a otro pecador que ha pecado en contra de esta pecadora. Alguien dijo una vez: Dios perdonó lo inexcusable en nosotras, así debemos hacer lo mismo con los demás.

Por último, la Biblia nos llama a considerar al otro como alguien más importante que nosotros mismos. Medita brevemente en esta porción de Filipenses 2:3: «No hagan nada por egoísmo o por vanagloria, sino que con actitud humilde cada uno de ustedes considere al otro como más importante que a sí mismo».

Si yo estimo a esa persona difícil como alguien más importante que yo, mi actitud y mi trato hacia ella debe cambiar. El versículo 4 de esta misma porción amplía más la idea al decirnos «no buscando cada uno sus propios intereses, sino más bien los intereses de los demás». Alejarnos de las personas difíciles que Dios pone a nuestro alrededor podría ser una muestra de mi deseo de procurar mi bienestar, mi paz, la armonía y la tranquilidad, es decir, mis propios intereses. Pero este versículo, o más bien, este capítulo completo, es el que abre mis ojos y me dice: «No se trata de ti, Cristo no pensó que se trataba de Él».

El versículo 4 nos llama a tener la actitud que tuvo Cristo cuando se despojó de Su gloria para encarnarse, humillarse y morir en una cruz por beneficio nuestro. Su acto de servicio al amar al otro lo llevó a morir en una cruz. A nosotras no se nos ha pedido morir en sustitución de alguien; lo que se nos pide es mucho más sencillo que eso: sirve a tu prójimo, considerando al otro como alguien mejor que tú misma.

Una forma de servir a mi persona difícil que es más importante que yo es amándola, soportándola, perdonándola y mostrándole con mi presencia en su vida cómo Cristo se comportaría. Recuerda, esto no es un llamado a endosar pecado, sino a mostrar a Cristo aun cuando haya que poner límites saludables, pero cerca, nunca lejos.

LA CONFRONTACIÓN, UN ACTO DE AMOR

Don Shula, entrenador de los Dolphins de Miami, hablaba con un reportero sobre los errores de los jugadores en la práctica. Dijo: «Nunca dejamos de señalar un error. Los errores no corregidos se multiplican».[3] Esa verdad la tenemos que aplicar también a nuestras relaciones interpersonales. Desde la relación de matrimonio, con la familia, con amigos y hasta con mis hijos. Los errores no corregidos a tiempo dejarán una estela de consecuencias en la persona que los comete. Si en verdad la amáramos, no querríamos eso para ella.

A diferencia del entrenador de deporte, nosotras no estamos llamadas a señalar cada falta. Debemos cuidarnos de convertirnos en fariseas que confrontan todo, o irnos al otro extremo y convertirnos en indulgentes y no confrontar nada. En nuestro amor al prójimo, señalamos pecados visibles, no suposiciones; patrones pecaminosos, no ofensas menores o un momento en donde se ha pecado, porque si no, estaríamos siendo pocos compresivas de nuestra naturaleza pecaminosa y no estaríamos practicando el soportarnos las unas a las otras (Col. 3:13).

Un buen entendimiento de lo que es confrontación podría ayudar. El diccionario secular define la confrontación como el acto de reprender severamente a una persona por un error o una falta que ha cometido, para que no la vuelva a cometer.

Bíblicamente hablando, confrontar es el proceso de traer la verdad en donde un cambio es necesario. Es una corrección basada en la Palabra, porque es ella la que funciona como espejo en donde la persona se puede ver y arreglar sus faltas (Sant. 1:22-25).

Ahora bien, ¿a quién le toca confrontar? ¿Al pastor, porque es quien tiene la autoridad espiritual sobre esa persona? ¿Al que está lejos, para evitar ofensas o relaciones rotas? No, al que le toca confrontar, según la Biblia, es al que ama.

Proverbios 27:6 nos dice: «Fieles son las heridas del amigo, pero engañosos los besos del enemigo». Es al verdadero amigo que le toca esta tarea, al que está cerca, que conoce la vida de la persona; ese tiene el deber de hacerlo. Una vez, oí esta frase y me gustó mucho: «La profundidad de mi amor en la relación puede ser medida por la cantidad de honestidad que existe». El verdadero amigo es aquel que ama tanto el alma de la otra persona que no la deja en el error aunque esto implique morir a la amistad.

---

3. https://www.sermoncentral.com/sermon-illustrations/23218/don-shula-coach-of-the-miami-dolphins-was-by-sermon-central.

Y sí, perder la amistad es uno de los grandes temores que enfrentamos al confrontar. Además, la timidez, el temor al conflicto, el temor a herir sentimientos, a señalar faltas porque tú también tienes o simplemente porque no sabes hacerlo, todas estas son razones legitimas que nos impiden confrontar, pero si vamos al fondo del asunto y miramos a lo interno del corazón, la verdadera razón por la que no quiero hacerlo es porque me amo más a mí de lo que amo a Dios y a mi prójimo y ese sentimiento egoísta va en contra del gran mandamiento (Mat. 22:37-39).

Si amara a Dios por encima de cualquier cosa, la confrontación sería una expresión de ese amor, porque confrontar es un mandato que Él expresamente me da a través de Su Palabra (Gál. 6:1-2; 1 Tes. 5:14). Si lo amara, guardaría Sus mandamientos (Juan 14:15); por ende, si lo amo, hablar verdad al otro y no ocultar ni ignorar sus fallas es parte de mi labor aquí en la tierra. Ciertamente, Dios podría traer convicción de pecado a cualquier persona en la soledad de su habitación, pero Él ha decidido usarnos muchas veces como instrumentos que van a producir esos cambios en el otro.

Por otro lado, si amara más a mi prójimo que a mí mismo, los sentimientos que me impiden confrontar no me detendrían, porque si te fijas, cada uno de ellos está enfocado en cómo «yo» me siento y no en el beneficio que esto traerá al otro. Es incómodo, es difícil, a veces hasta doloroso, pero la confrontación es un acto de amor, y si amo, debo hacerlo. Una vez, alguien dijo: «Hazme un favor, si ves que estoy en pecado, confróntame. Ámame así. No me dejes ir, pensando que me has hecho un favor. Llora con el errante. Levanta al caído. Por compasión, arrebátalo del pecado y de la tumba. Jesús me encontró en pecado y me amó, pero me amó tanto que no me dejo ahí».

Cada vez que te veas en la necesidad de confrontar, piensa: «Mi hermano me necesita y Dios puede usarme como instrumento en Sus manos para el cambio». Y sí, mi hermano me necesita porque el pecado ciega. Si todo pecador pudiera ver su pecado, entonces no tendría sentido la oración del salmista cuando le pedía al Señor que escudriñara su corazón y le mostrara si había pecado (Sal. 139:23-24). Si el pecado no cegara y Dios no necesitara usarnos, entonces no habría sido necesario que el profeta Natán fuera donde estaba David, el hombre conforme al corazón de Dios, y le señalara su falta.

Pongámonos por un momento en los zapatos de Natán. Un profeta que va a confrontar a la máxima autoridad. Fue muy valiente, amó a Dios más que a sí mismo al mostrar obediencia y cumplir su labor, y amó a David más que a sí mismo al atreverse a confrontarlo y perder su amistad. La confrontación tenía un objetivo: que David se arrepintiera, lo cual implicaba un cambio en su conducta, y esto tendría un impacto en los que lo rodeaban y lo observaban. Pero lo más importante en su camino hacia el arrepentimiento fue restaurar su relación con Dios. Recuerda, y espero que esto te dé ánimo: al confrontar, lo importante no es el encuentro de esa persona contigo, sino el encuentro de esa persona con su Dios.

Hablemos un poco de tu actitud y de las formas al confrontar. Algo súper importante en este proceso es la actitud que yo exhiba al momento de la confrontación. Gálatas 6:1 nos dice que lo hagamos con dos componentes esenciales: mansedumbre o ternura y humildad. Al confrontar, debemos rechazar esa inclinación pecaminosa de nuestro corazón de querer castigar como si la persona fuera nuestra enemiga. Lo correcto ante Dios es confrontar a la persona, pero con la intención de ayudar a un hermano.

¿Y qué hay de la forma? Una vez que mi corazón tiene la actitud correcta, es vital abordar el proceso de la forma correcta; por eso, antes de concluir, quisiera dejarte con algunos pasos importantes. Partiendo de la premisa de que ciertamente tú eres la persona a la que Dios ha llamado a confrontar y de que estás confrontando un patrón de conducta y no un hecho singular que no produjo ninguna repercusión, entonces:

Ora. Pídele al Señor que prepare tu corazón y el de la otra persona. Que te llene de sabiduría para que puedas usar las palabras correctas, palabras que sean de persuasión.

Escoge el momento y el lugar. Piensa en lo que serviría mejor a la otra persona, no tanto en lo que te es conveniente. Hazlo de forma privada, y en un momento acordado (Mat. 18).

Pon atención a la «forma». Comienza con palabras de afirmación, exprésale tu amor. Luego explica la falta. A veces, sirve usar una ilustración como lo hizo Natán, para que tu persona amada pueda ver mejor lo que estás diciendo. Y termina con palabras de exhortación y ánimo. La idea es que la persona salga de esta conversación entendiendo su pecado, pero también animada a poder cambiar y agradar a Dios.

¿Y qué pasa si, en el tiempo, no vemos cambios producto de nuestra confrontación? No debes sentirte desanimada. Primero, has cumplido tu deber delante de Dios. Segundo, debes entender que el cambio lo produce Dios a través de la obra del Espíritu Santo, gracias al sacrificio de Cristo en la cruz. Es decir, que tú no estás en la ecuación que produce el cambio. Los resultados son de Dios. Y por último, ten paciencia, hay cambios que toman tiempo, pero si Dios está detrás de esto, puedes estar segura de que los verás.

La recompensa de tu esfuerzo será el gozo de experimentar la obediencia.

Quiera Dios regalarte el privilegio de ver en primera fila el arrepentimiento y la restauración de tu ser amado. Al final, nosotras solo somos instrumentos en Sus manos.

Capítulo 5

La mujer y su matrimonio

«No es bueno que el hombre esté solo» (Gén. 2:18) fueron las palabras de Dios frente a toda una creación perfecta. La voz de Dios trajo el mundo a existencia. Creó las galaxias y cada animal en su esplendor, creó al hombre, y esa misma voz dijo que no era bueno que estuviera solo.

Desde el principio de la creación, el diseño de un hombre y una mujer unidos en una sola carne estaba en la mente de Dios: «Por tanto el hombre dejará a su padre y a su madre y se unirá a su mujer, y serán una sola carne» (Gén. 2:24).

Dios ideó el matrimonio como una institución en la que ambos se convierten en una sola carne (Mat. 19:5), donde el hombre es cabeza de la mujer y del hogar (1 Cor. 11:3) y la mujer es su ayuda idónea y se somete a su marido como al Señor (Ef. 5:22).

Pero el esposo y la esposa no son las únicas partes ni las más relevantes del matrimonio. La unión matrimonial se trata de Dios y la gloria de Su nombre, y fue diseñado para ser un reflejo de la unión de Cristo y Su iglesia (Ef. 5:32).

El comentarista George Knight dice lo siguiente sobre esto: «... El matrimonio fue diseñado por Dios desde un principio para formar una imagen o parábola de la relación entre Cristo y la iglesia. En aquel tiempo cuando Dios estaba planeando cómo sería el matrimonio, lo planeó para este gran propósito: daría una imagen terrenal hermosa de la relación que algún día existiría entre Cristo y Su iglesia. Por muchas generaciones, la humanidad no tuvo conocimiento de esto, y es por eso que Pablo lo llama un "misterio". Mas ahora, en la era del Nuevo Testamento, Pablo revela este misterio, y es asombroso. Esto quiere decir que cuando Pablo necesitó hablarles a los efesios acerca del matrimonio, no solo buscó por ahí alguna analogía útil y de pronto se le ocurrió que "Cristo y la iglesia" pudiera ser una buena ilustración para su enseñanza. No, era mucho más fundamental que eso: Pablo captó que cuando Dios diseñó el matrimonio original, ya tenía en mente a Cristo y a la iglesia. Este es uno de los grandes propósitos de Dios dentro del matrimonio: ¡representar la relación entre Cristo y Su pueblo redimido para siempre!».[1]

¡Qué hermosa realidad! Todo esto es, de manera resumida, la perspectiva bíblica del matrimonio. Pero toda esta realidad no se vive en un mundo ideal. Tratamos de aplicar las verdades bíblicas en un mundo donde muchas veces el esposo no es el líder que debe ser, en ocasiones la mujer no quiere someterse y muchos matrimonios tienen una barrera que separa aquello que está diseñado para ser una sola carne. Todo esto así porque somos pecadores viviendo en un mundo de pecado.

DOS PECADORES CASADOS

No se necesita mucho tiempo en un matrimonio para darnos cuenta de que es más difícil de lo que parecía y aun de lo que Dios mismo había diseñado en un inicio. En medio de nuestro pecado, nuestro egocentrismo se hace grande, las promesas no son cumplidas, las palabras hirientes se hacen presentes y la falta de amor bíblico en ocasiones caracteriza nuestra relación.

Todo esto así porque al decir «acepto» en el altar, dos pecadores han iniciado una relación.

La Biblia nos enseña: «No hay justo, ni aun uno; no hay quien entienda, no hay quien busque a Dios.

Todos se han desviado, a una se hicieron inútiles; no hay quien haga lo bueno, no hay ni siquiera uno» (Rom. 3:10-12).

Pablo le escribió a Timoteo: «Palabra fiel y digna de ser aceptada por todos: Cristo Jesús vino al mundo para salvar a los pecadores, entre los cuales yo soy el primero» (1 Tim. 1:15). Pablo llama a esta declaración «palabra fiel y digna de ser aceptada por todos». Está dejando ver con esto que la realidad de que Jesús vino a salvar a pecadores es de suma importancia. Pablo conocía muy bien su corazón. Conocía el pecado que había en sí mismo y por eso se llamaba el primero de los pecadores.

Pero no debemos dejar a Pablo solo en esta lista. Debemos entender que esta es una realidad para cada hombre y cada mujer que deciden unir sus vidas en santo matrimonio. Mi querida amiga, eres una pecadora casada con

1. Knight, George. *Recovering Biblical Manhood and Womanhood: A Response to Evangelical Feminism*, ed. John Piper & Wayne Grudem (Wheaton, IL: Crossway, 1991), 175-176.

un pecador que, al igual que tú, va a fallar, no va a cumplir sus promesas, te hablará de formas inadecuadas, te mentirá, y al igual que tú, hará todo lo que los pecadores hacen: pecar.

Poder tener esta realidad en mente es algo que necesitamos en nuestros matrimonios, y entenderla a la luz del evangelio tendrá un gran impacto, para bien, en nuestros matrimonios en distintas áreas:

1. Nuestras expectativas van a estar en el lugar correcto. Tener las expectativas en el lugar correcto me ayudará a recordar que mi esposo no lo va a hacer todo bien siempre. Sí, es cierto que yo debo esperar algo de él, porque si mi esposo es creyente, él tiene el Espíritu de Dios obrando en él y transformándolo. Pero cuando tengo las expectativas correctas y eso que espero no llega, puedo recordar su condición igual a la mía y extenderle compasión.

Esto es algo que vemos en Jesús. En todo tiempo, expresaba compasión a aquellos pecadores con los que decidió rodearse (Mat. 9:36) y era conocido como el amigo de pecadores (Luc. 7:34). Jesús mejor que nadie conocía la condición del corazón humano. Él sabía qué esperar de ellos, pero todo el que se acercaba encontraba en Él un corazón dispuesto a perdonar y a compadecerse.

2. Recordar nuestra condición de pecado nos ayuda a estar dispuestas a perdonar. No es casualidad que la Biblia nos llame a perdonarnos unos a otros (Ef. 4:32) porque si el perdón es necesario, es porque es un hecho que pecaremos unos contra otros.

Entender la realidad de nuestra pecaminosidad nos ayuda a tener un corazón más dispuesto a perdonar, porque reconocemos nuestra propia condición. Este reconocimiento debe llevarnos no solo a perdonar sino también a pedir perdón, porque nosotras también vamos a fallar.

Lo que encontramos en Jesús es justamente un ejemplo de perdón, porque algo que hacemos todo el tiempo es fallarle. Día tras día, momento tras momento, pecamos delante del Señor de maneras que a veces ni vemos, pero en Jesús, encontramos a uno que nos invita a confesar nuestros pecados y nos promete que al hacerlo encontraremos perdón (1 Jn. 1:9).

3. Nos ayuda a recordar que nuestros esposos van a ir cambiando. Al llegar a Cristo, entramos en un proceso de santificación en el que vamos siendo transformados conforme a Su imagen (2 Cor. 3:18).

Si bien es cierto que debemos recordar que somos pecadoras casadas con pecadores, no es menos cierto que nuestros esposos van a ir madurando en el Señor y nosotras también. Necesitamos recordar que ni nosotras ni nuestros esposos somos obras terminadas. El Señor está obrando en nuestras vidas en todo tiempo, moldeándonos como un buen alfarero y perseverando en nosotros aun cuando nosotros no perseveramos en Él (Jud. 24).

4. Nos ayuda a recordar que nuestros esposos no son nuestro salvador. Como seres caídos y pecadores, nuestros esposos jamás podrán ser la fuente de nuestra completa satisfacción. Poder entender esta realidad nos llevará a poner nuestros ojos y esperanza en Jesús, Aquel que jamás nos va a fallar, ese que jamás nos hará daño y en quien podemos encontrar plenitud en cada área de nuestra vida.

Necesitamos entender la realidad del pecado en nosotras porque, como decía Thomas Watson: «Hasta que el pecado no te sepa amargo, Cristo no será dulce para ti»[2]. Si no entendemos el problema, no vamos a correr a la solución. Porque mientras más conscientes seamos de nuestra condición de pecadores, más rápido correremos a nuestro glorioso Salvador.

Que el Señor nos ayude a tener matrimonios en los que podamos recordar que ambos somos grandes pecadores que descansan en la obra perfecta de un extraordinario Salvador.

LO QUE ES Y NO ES LA SUMISIÓN

Al inicio de este capítulo, vimos la sumisión al marido como parte del diseño de Dios para la mujer en el matrimonio.

Para mí, este concepto de sumisión a mi esposo no siempre fue algo que vi con agrado, sobre todo al principio de nuestro matrimonio. Era muy común encontrarme cediendo externamente ante el liderazgo de mi esposo pero cuestionándolo en mi interior. Era como la ilustración de la maestra que manda a sentar al estudiante y él le responde: «Voy a sentarme aunque por dentro sigo de pie». Sabía que la sumisión venía de Dios, pero me costaba obedecer. Sabía que debía someterme a mi esposo y actuaba como si lo estuviera haciendo, aunque por dentro era todo lo contrario.

2. Smethurst, Matt. *«Bienaventurados los que lloran»*. Ministerios Ligonier, 23 de junio de 2021. https://es.ligonier.org/articulos/bienaventurados-los-que-lloran/

La Biblia nos dice en Efesios 5:22-24: «Las mujeres estén sometidas a sus propios maridos como al Señor. Porque el marido es cabeza de la mujer, así como Cristo es cabeza de la iglesia, siendo Él mismo el Salvador del cuerpo. Pero así como la iglesia está sujeta a Cristo, también las mujeres deben estarlo a sus maridos en todo».

Efesios 5 nos dice a nosotras, las esposas, que debemos estar sometidas a nuestros esposos como al Señor. Desde el inicio de este versículo, ya vamos viendo lo alto de este llamado: la esposa es llamada a someterse como al Señor. La razón de esta sumisión la vemos en estos mismos versículos y es que al esposo, Dios le ha dado el rol de ser la cabeza de la mujer.

Pero esta idea de la sumisión es una a la que muchas mujeres, aun creyentes, le huyen. Podríamos mencionar dos razones:

1. El pecado en nuestros corazones que se subleva a cualquier cosa que imponga autoridad sobre él. No nos gusta la idea de tener que someternos a nuestros maridos porque no queremos someternos a nadie. Queremos nuestras propias reglas, normas y deseos y por nuestro corazón pecador no queremos que nadie interfiera en eso.

2. Un mal entendimiento de lo que es y lo que no es la sumisión. En este último punto, creo que vale la pena que nos detengamos, porque la realidad es que en ocasiones rechazamos la sumisión porque tenemos un mal concepto de la misma.

A veces, vemos la sumisión como la idea de que siempre tenemos que estar de acuerdo con lo que nuestro esposo dice. Llegar al matrimonio no implica que a partir de ese momento nos volveremos dos personas exactamente iguales y que la esposa nunca podrá tener una opinión o una perspectiva diferente. Una de las cosas hermosas del matrimonio es cómo ambos puntos de vista se complementan. Ser sumisa no implica no tener opiniones, pero sí es estar dispuestas a someternos a la decisión de nuestro esposo (siempre que no sea contraria a Dios) a pesar de que no sea la que yo entiendo es mejor.

Pensamos que la sumisión implica dejar nuestro cerebro en el altar. Pero someterte a tu esposo no implica que tienes que dejar de pensar por ti misma. Cuando vemos la mujer de Proverbios 31 y la descripción de cada cosa que hacía, nos damos cuenta de que esta mujer virtuosa (que es esposa) es una mujer que piensa y que toma iniciativas. Podemos ser sumisas y a la vez tomar iniciativas y ser proactivas en aquello que el Señor ha puesto en nuestras manos.

Podemos cometer el error de pensar que sumisión implica poner la voluntad de nuestro esposo por encima de la voluntad de Cristo. Necesitamos entender que la primera y principal autoridad de la mujer no es su esposo, sino Cristo. «Pero quiero que sepan que la cabeza de todo hombre es Cristo, y la cabeza de la mujer es el hombre, y la cabeza de Cristo es Dios» (1 Cor. 11:3). Sumisión no significa que la mujer debe entrar en actos pecaminosos solo porque su esposo lo dice. Como creyentes, estamos llamadas a honrar a Dios por encima de cualquier otra persona, y eso incluye nuestros esposos.

Creemos que sumisión significa que mi esposo es quien llenará mis necesidades espirituales. Aunque nuestros esposos tienen la responsabilidad de guiarnos espiritualmente, sumisión no significa que yo voy a descansar mi vida espiritual en él. Tú y yo tenemos la responsabilidad de ser intencionales en crecer en nuestro amor por Cristo, independientemente de si nuestros esposos lo hacen o no.

Ahora bien, no podemos quedarnos solamente con aquello que la sumisión no es; necesitamos una idea clara de qué es la sumisión a la que la Biblia nos llama y cómo debe lucir en nuestras vidas como esposas.

El pastor John Piper definió la sumisión de la siguiente manera: «Sumisión es el llamado divino a una esposa de honrar y afirmar el liderazgo de su esposo y ayudarlo a llevarlo de acuerdo a sus dones. Es una disposición de seguir la autoridad del esposo y una inclinación de ceder a su liderazgo».[3]

Creo que esta definición nos arroja varios puntos importantes sobre lo que es la sumisión:

1. Es un llamado divino. Como esposas, necesitamos recordar que esto de la sumisión no es un invento de los hombres; es diseño de Dios y, por lo tanto, necesitamos de Él cada día para poder cumplirlo.

2. Es honrar y afirmar el liderazgo del esposo. Sumisión implica respeto sin miedo. Una mujer sumisa es una que considera el liderazgo de su esposo y lo sigue porque sabe que es un rol que le ha sido asignado por

---

3. Piper, John. *The Beautiful Faith of Fearless Submission*. 15 de abril de 2007. https://www.desiringgod.org/messages/the-beautiful-faith-of-fearless-submission

Dios. Pero una mujer sumisa también afirma el liderazgo de su marido, no solo con sus acciones, sino también con sus palabras.

3. Una mujer sumisa usa sus dones para ser ayuda. Dios creó a la mujer para ser ayuda idónea de su marido (Gén. 2:18). Una mujer sumisa es una que usa los dones y talentos que Dios le ha dado para ayudar a su marido en la ardua tarea de liderar. ¿Y sabes qué? La Palabra dice que esa ayuda es idónea; nadie más va a ayudar a tu esposo como tú puedes hacerlo.

4. Una mujer sumisa respeta la autoridad de su esposo y cede a su liderazgo. Uno de los puntos anteriores sobre lo que no es la sumisión es que la mujer sigue teniendo opiniones, pero una mujer sumisa es una que está dispuesta a someter sus opiniones a la autoridad de su marido y está dispuesta a ceder. La mujer sumisa puede y debe expresar sus ideas, pero debe hacerlo siempre con el reconocimiento del liderazgo que Dios le ha dado a su marido.

Una vida de sumisión a nuestros maridos, tal y como la Biblia nos manda, no es una manera en que Dios trata de hacernos infelices, ¡todo lo contrario! Necesitamos entender que el diseño de Dios es perfecto. Que la manera en la que Él ideó el matrimonio y el rol del hombre y la mujer en este resultan en la gloria de Su nombre y nuestro bien.

«Cuando pensamos en la Palabra de Dios, debemos recordar que refleja Su carácter. Por lo tanto, la Palabra de Dios es buena porque Dios es bueno (Salmo 19:7-11, 119:68). Dios nunca le ordenaría a Su pueblo que hiciera algo que los dañara. En cambio, prescribe lo que es mejor para nosotros. Él nos ama y quiere lo que nos lleve a Su gloria y a nuestro florecimiento».[4]

Definitivamente, tratar de ser esposas sumisas a la manera de Dios es una tarea imposible en nuestras propias fuerzas, pero Él no nos ha dejado solas. Cuando Cristo partió, les dijo a Sus discípulos que les convenía que Él se fuera, porque el Espíritu Santo vendría a habitar en nosotras, porque el poder que lo levantó de entre los muertos operaría en nuestras vidas (Ef. 1:20).

Habrá momentos en nuestro matrimonio donde la sumisión no va a ser tan deleitosa, donde no será tan fácil ceder a la autoridad de nuestros esposos,

---

4. Raymond, Erik. *5 Realities of a Wife's Submission in Marriage.* 11 de febrero de 2020. https://www.thegospelcoalition.org/blogs/erik-raymond/5-realities-of-a-wifes-submission-in-marriage/

y es por esto que el versículo 22 de Efesios 5 nos dice algo que no debemos olvidar: «Las mujeres estén sometidas a sus propios maridos como al Señor».

Nuestra sumisión a nuestros esposos debe ser hecha siempre con una conciencia de que lo estamos haciendo como al Señor. Cuando nos sometemos a nuestros maridos, por más difícil que a veces sea, debemos hacerlo con la conciencia de que es para el Señor, con nuestros ojos fijos en Él, en dependencia de Él. Que el Señor nos ayude a ser esposas que lo honran al ser sumisas a nuestros maridos.

DIFERENCIAS EN EL MATRIMONIO

Si hay algo que no va a faltar en nuestros matrimonios es las diferencias. Somos seres con trasfondos y perspectivas distintas caminando juntos en una dirección. Dada esta realidad, en medio de este trayecto nos encontraremos con ideas con las que no estamos de acuerdo, y en otros casos, con decisiones que entendemos son pecado y que no deseamos seguir. En medio de esta realidad, ¿hay lugar para ser una esposa sometida y expresar nuestros desacuerdos? ¿Cómo podríamos hacerlo?

Antes de desarrollar cada una de estas preguntas, es necesario que de manera breve podamos recordar algunas bases que Dios ha establecido y de las que ya hemos hablado.

- El llamado del hombre a ser cabeza del hogar: «Porque el marido es cabeza de la mujer, así como Cristo es cabeza de la iglesia» (Ef. 5:23).

- El llamado de la mujer a la sumisión y a ser ayuda idónea: «Las mujeres estén sometidas a sus propios maridos como al Señor. [...] Pero así como la iglesia está sujeta a Cristo, también las mujeres deben estarlo a sus maridos en todo» (Ef. 5:22, 24).

«Entonces el SEÑOR Dios dijo: "No es bueno que el hombre esté solo; le haré una ayuda adecuada"» (Gén. 2:18).

- Diferentes en roles, iguales en valor: «Dios creó al hombre a imagen Suya, a imagen de Dios lo creó ; varón y hembra los creó» (Gén. 1:27).

Luego de haber refrescado las bases sobre el diseño del hombre y la mujer en cuanto a sus roles en el matrimonio y la realidad de que ambos tenemos el mismo valor delante de Él, podemos hablar de cómo manejar nuestras diferencias.

Sí hay un lugar y espacio, en la mayoría de los casos, para que una esposa muestre su desacuerdo y aun así estar bajo el mandato de la sumisión. Una de las primeras cosas que necesitamos evaluar es si la decisión que nuestro esposo está tomando es pecaminosa. Si te encuentras en una situación en que tu esposo está usando su liderazgo incorrectamente para conducirte a acciones pecaminosas, debes recordar que estás llamada a someterte a Dios por encima de tu esposo.

«Pero quiero que sepan que la cabeza de todo hombre es Cristo...» (1 Cor. 11:3)

«Porque ¿busco ahora el favor de los hombres o el de Dios? ¿O me esfuerzo por agradar a los hombres? Si yo todavía estuviera tratando de agradar a los hombres, no sería siervo de Cristo» (Gál. 1:10)

Como ya hemos visto, la sumisión no implica que entres en situaciones de pecado simplemente porque tu esposo lo dice. Ahora, eso no implica que, aun si es por algo pecaminoso, vayas a expresar tu desacuerdo de una manera incorrecta; esto debe hacerse con una actitud humilde, recordando que no eres mejor que él y señalándole la cruz.

Ahora, definitivamente es más fácil cuando sabemos que esa diferencia viene por algo que es claramente pecaminoso, pero ¿qué sucede cuando es algo con lo que simplemente no estamos de acuerdo? ¿Qué sucede cuando pensamos que la solución a un problema en particular es otra completamente diferente? Hay un espacio para expresar nuestro pensar también ahí, pero hay una manera de hacerlo.

Toma en cuenta el momento. Necesitamos aprender a ser sabias y a saber cuándo es el momento de hablar y cuándo debemos callar.

Hace algunos años, mi esposo tuvo la oportunidad de prepararse académicamente para la obra del ministerio y una de las clases que debía tomar era bien compleja. Cada vez que esa clase terminaba, yo iba a recogerlo. Al principio, mi costumbre era comenzar a hablarle inmediatamente. Le hacía preguntas, quería contarle todo lo que había hecho y hasta discutir ciertas situaciones. Pero luego me di cuenta de que ese no era el momento para eso;

mi esposo terminaba cargado mentalmente y necesitaba tiempo en silencio luego de terminar esa clase. El Señor me permitió aprender eso, y en lugar de abrumarlo con todo lo que tenía en mente, esperaba el momento en el que él estuviera listo.

A la hora de expresar tus diferencias toma en cuenta si es un momento apropiado para hacerlo.

Expresa tu opinión como lo que es, una opinión, no como la manera correcta de hacerlo. Una cosa es lo que la Biblia llama pecado y otra muy diferente son nuestras opiniones. Puede que en medio de esas opiniones sin duda alguna haya sabiduría, pero a la hora de expresarla, debo recordar que estoy dando mi opinión y no palabra de Dios.

Expresar tu opinión de la manera adecuada podría lucir de esta manera: «Yo sé que has pensado mucho en esto, que no es una decisión que estás tomando de la noche a la mañana, pero aun así no siento paz. ¿Crees que en algún momento podríamos conversar?».

Al expresar nuestras opiniones distintas debemos hacerlo con un corazón dispuesto a que, al final, no se termine haciendo lo que entendemos y someternos como al Señor, a lo que nuestros esposos como cabeza del hogar decidan.

Ahora bien, hay algo más que necesitamos tomar en cuenta. Si continuamente te encuentras en desacuerdo con cada decisión que tu esposo tome, más que ir a decirle cada vez que no estás de acuerdo, te animo a revisar tu propio corazón que quizás está tan lleno de orgullo que no puede ver otra manera de hacer las cosas que no sea la tuya.

Mi querida amiga, algo que tuve que aprender luego de varios tropiezos (y que todavía necesito recordar) es que mis ideas no son siempre las mejores y que no siempre tengo la razón. Pensar de esta manera revela un corazón orgulloso que necesita recordar la realidad del evangelio.

Sí es cierto que podemos expresar nuestras diferencias de la manera correcta, pero también es cierto que necesitamos aprender a confiar más en nuestros esposos y a recordar que no somos mejores que ellos.

La verdad es que un matrimonio saludable permite este tipo de conversaciones sin que se convierta luego en un conflicto. Hay un espacio para hablar, para preguntar la opinión del otro, para dar nuestra opinión con amor, respeto y sin temor, pero sabiendo que en última instancia, nuestra esperanza está en el Señor y nuestra sumisión a nuestros esposos es para Él.

Es cierto que no siempre es fácil y hay algunas esposas en situaciones en las que la respuesta de un esposo, aun cuando ellas se acercan de la manera correcta, no es agradable. Si estás ahí hoy, quiero decirte que Dios no es ajeno a esto. La Palabra nos enseña que no tenemos un sumo sacerdote que no pueda compadecerse de nuestra debilidad. Él sabe, se compadece y te provee la gracia y fortaleza que necesitas. Acércate a Jesús en busca de lo que tu corazón necesita y solo Él puede darte.

«Porque no tenemos un Sumo Sacerdote que no pueda compadecerse de nuestras flaquezas, sino Uno que ha sido tentado en todo como nosotros, pero sin pecado. Por tanto, acerquémonos con confianza al trono de la gracia para que recibamos misericordia, y hallemos gracia para la ayuda oportuna». (Heb. 4:15-16)

INSATISFACCIÓN EN EL MATRIMONIO

«Mi matrimonio no es lo que esperaba». «Es que mi esposo no termina de cambiar». «Él ya no es tan detallista y amoroso como antes». «Si tan solo él fuera un líder espiritual para nuestra familia». Puede que en este momento, ideas como estas sean las que reflejen tu sentir en tu matrimonio.

Tenemos una idea y un deseo de lo que quisiéramos de nuestros maridos o de nuestra relación matrimonial, y al no recibirlo, nos sentimos incompletas, y el sentimiento que se produce en nosotras es de insatisfacción.

Podríamos decir que la insatisfacción es desear tener o sentir más de lo que ya se tiene. Déjame ilustrártelo con este ejemplo: Cuando uno come poco y puede comer más, decimos que no quedamos satisfechas porque queríamos más. Cuando alguien nos entrega algo, un servicio o un producto, y no cumplió con los estándares que teníamos en mente, decimos que quedamos insatisfechas porque esperábamos o deseábamos más.

Muchas mujeres en sus matrimonios se sienten así: esperan más de su esposo, sienten que él no ha entregado lo que ella quería que se le entregara, él no ha cumplido con el estándar y ella quiere más, y de ahí la insatisfacción matrimonial.

Pero la insatisfacción nunca viene sola. Es como esas muñecas rusas que, mientras vas destapando, encuentras otra y otra y otra. De esa misma manera, la insatisfacción en nuestros matrimonios trae «otras muñecas» dentro y puede verse manifestada de diferentes maneras:

Queja: Palabras como: «¿Por qué me casé?», «Me hubiese ido mejor sola» o «Él no me hace feliz», se convierten en el pan nuestro de cada día.

Crítica: En medio de nuestra insatisfacción, podemos encontrarnos criticando a nuestros esposos en todo momento. Todo lo que hacen lo vemos mal y nos mantenemos con un dedo acusador sobre ellos.

Irritabilidad: Todo lo que él hace, hasta lo bueno, comienza a molestarnos, y podemos llegar a encontrarnos enojadas con ellos continuamente.

Envidia: En medio de la insatisfacción, se nos hace muy fácil ver el pasto más verde del otro. Vemos los esposos de otras y pensamos: «¿Por qué mi esposo no puede ser así?», «¿Por qué no actúa como el esposo de mi amiga?», «Quisiera que mi esposo fuera como mi pastor».

Es importante aclarar que a lo que nos estaremos refiriendo en esta sección es a la insatisfacción generada por circunstancias en las que todavía un matrimonio puede ser preservado, no a la insatisfacción que viene cuando una esposa está en una relación no saludable donde hay abuso de algún tipo o infidelidad sin arrepentimiento. Si alguno de los puntos de una relación no saludable mencionados anteriormente es tu caso, te animo a que busques ayuda.

Ahora bien, el tipo de insatisfacción en el matrimonio a la que nos estaremos refiriendo en esta sección no es algo que ocurre de la noche a la mañana. No es como que un día estamos en una hermosa y cercana relación con nuestros esposos y al otro día nos levantamos sintiéndonos insatisfechas. Hay cosas que van pasando en nuestro interior, ideas erróneas que llegan a nuestra mente y a las que decidimos dar lugar y dejarlas crecer. Aquí hay algunas que pudieran estar generando insatisfacción en nuestros matrimonios:

Expectativas irreales: Como ya mencionamos en una sección anterior, vivimos en un mundo caído y somos pecadoras casadas con pecadores. Cuando permitimos que las expectativas irreales de un esposo que no falle, que sea todo lo que yo necesito, que siempre responda de la mejor manera, que me dé todo lo que quiero, tomen control de nuestra mente y deseos, terminaremos en medio de la insatisfacción.

Egocentrismo: Creo que un ingrediente que no falta en la mayoría de los casos de insatisfacción matrimonial es el egocentrismo. Estamos insatisfechas porque no estamos recibiendo lo que queremos. Estamos insatisfechas porque queremos ser servidas en lugar de servir. Estamos insatisfechas porque tenemos los ojos puestos en nosotras mismas.

Falsa idea de romance: Podemos encontrarnos en medio de la insatisfacción en nuestro matrimonio porque tenemos una idea incorrecta de lo que es una relación. Las películas, las series y aun las novelas nos venden una idea «romántica» de lo que es una relación, y de esa manera queremos que luzca nuestro matrimonio.

Mundanalidad: Podemos encontrarnos en un momento en nuestro caminar cristiano en el que nuestra mirada está puesta en los valores de este mundo y no en las cosas de Cristo, y sin lugar a dudas, esto afectará nuestros matrimonios y lo que esperamos en ellos. Queremos vivir en un estándar económico que no está conforme a nuestra realidad y demandamos de nuestros maridos una provisión que no pueden dar. Tenemos una idea de belleza conforme a este mundo y rechazamos a nuestros maridos porque no lucen de esta manera. Cuando permitimos que los valores de este mundo le den forma a lo que esperamos en nuestros matrimonios terminaremos en insatisfacción.

Separación emocional: Puede que ahora mismo te encuentres en un matrimonio donde tú y tu esposo están distanciados emocionalmente. Con el tiempo, se han ido desconectando uno del otro, y aunque estén viviendo juntos, es como si solamente estuvieran compartiendo un techo y no sus vidas.

Si al leer cada una de estas descripciones te has dado cuenta de que te encuentras en ese lugar de insatisfacción y has estado caminando hacia una dirección equivocada, quiero decirte que hay esperanza en Cristo.

Recalculando

Algo que suelo usar mucho cuando estoy conduciendo hacia algún lugar que desconozco son las aplicaciones de mapas, y usualmente, doblo en una calle que no debí haber doblado o sigo derecho y termino tomando la ruta equivocada. Cuando esto ocurre, lo que estas aplicaciones hacen es recalcular y redireccionarnos hacia nuestro destino.

En medio de nuestra insatisfacción, podemos encontrarnos en la ruta equivocada hacia la unidad matrimonial en la que el Señor desea que vivamos nuestros matrimonios:

«Así que ya no son dos, sino una sola carne. Por tanto, lo que Dios ha unido, ningún hombre lo separe». (Mat. 19:6)

Dios desea para nuestros matrimonios unidad en el sentido de que el matrimonio permanezca, pero también unidad en el día a día de la relación, un matrimonio llevado como una sola carne. Para poder dejar de lado la insatisfacción y llevar matrimonios en una verdadera unidad, hay algunos puntos en los que necesitamos redirección.

1. TEN EXPECTATIVAS CORRECTAS

Una de las cosas que mencionábamos en una sección anterior es que necesitamos recordar que somos pecadoras casadas con pecadores. Salir del camino de la insatisfacción requerirá que tengamos un entendimiento correcto de la realidad del mundo en el que vivimos, nuestra condición de pecado y la de nuestros esposos. Pídele al Señor que te ayude a recordar que, al igual que tú, tu esposo es un pecador que necesita gracia y compasión.

2. BUSCA SERVIR EN LUGAR DE SER SERVIDA

La Biblia nos llama a que veamos al otro como más importante que nosotras mismas, y busquemos el interés de los demás por encima del nuestro en todo aquello que no deshonre al Señor.

«No hagan nada por egoísmo o por vanagloria, sino que con actitud humilde cada uno de ustedes considere al otro como más importante que a sí mismo, no buscando cada uno sus propios intereses, sino más bien los intereses de los demás». (Fil. 2:3-4)

Poder vivir satisfechas en nuestros matrimonios requerirá que busquemos servir más de lo que queremos ser servidas. No cometas el error de concentrarte en la manera en la que quieres ser amada; pon tu enfoque en amar y servir a tu marido. Quita los ojos de ti, ponlos en Cristo y sirve al esposo que Dios te dio.

3. PON TUS OJOS EN LAS COSAS DE CRISTO

Vivir conforme a los valores de este mundo nos aleja de los intereses de Cristo. Tener matrimonios que agraden a Dios y se alejen de la insatisfacción requerirá que, como creyentes, vivamos en una búsqueda intencional y continua de las cosas de arriba, las cosas celestiales:

«Si ustedes, pues, han resucitado con Cristo, busquen las cosas de arriba, donde está Cristo sentado a la diestra de Dios. Pongan la mira en las cosas de arriba, no en las de la tierra. Porque ustedes han muerto, y su vida está escondida con Cristo en Dios». (Col. 3:1-3)

4. RECUERDA QUE EL PACTO MATRIMONIAL SOSTIENE EL AMOR, Y NO EL AMOR AL PACTO

El autor Dietrich Bonhoeffer decía: «... el amor proviene de ustedes, pero el matrimonio proviene de arriba, de Dios. Así como Dios está en lo alto, por encima del hombre, así también lo están la santidad, los derechos y la promesa de amor. No es su amor lo que sostiene al matrimonio sino, de ahora en adelante, es el matrimonio lo que sostiene su amor».[5]

Necesitamos entender que permanecer casados requiere que busquemos guardar el pacto que hemos hecho delante de Dios: «hasta que la muerte nos separe». «Lo que Dios ha unido, ningún hombre lo separe» (Mat.19:6).

5. ENTIENDE QUE SOLO JESÚS SACIA

Nuestra plenitud jamás la vamos a encontrar en nuestros maridos. Ellos no pueden saciarnos porque ningún ser humano puede hacerlo. Cuando tú y yo encontramos nuestra satisfacción en Jesús, todo lo demás ocupa el lugar correcto. Solo en Jesús estamos completas.

«... y ustedes han sido hechos completos en Él...» (Col. 2:10)

En medio de la insatisfacción en nuestros matrimonios, corramos a Jesús, Aquel que nos perdona en medio de nuestros pecados y el único que puede traer plenitud y abundancia a nuestras vidas.

RECORDAR EL EVANGELIO

No podemos terminar este capítulo sin recordar la gracia y la obra de Cristo a nuestro favor. Llevar un matrimonio que traiga gloria a Su nombre definitivamente no es nada fácil, pero gracias a Dios, no estamos solas. No tenemos a un Dios que se sienta en el cielo, sin ningún tipo de relación con nosotras, y nos dice que lo honremos. Nuestro Dios se hizo hombre, murió en nuestro lugar y cargó nuestros pecados siendo Él santo y justo.

---

5. Citado en Piper, John. *Pacto matrimonial: Perspectiva temporal y eterna*, (Carol Stream: IL, Tyndale House Publishers, 2009), pág. 1.

La Biblia nos enseña que en Jesús tenemos a uno que se compadece de nosotras (Heb. 4:15). Uno que entiende nuestras dificultades (Isa. 53:3). Uno que perdona nuestros pecados (1 Jn. 1:9). Uno que habita en nosotras y nos ha dado el poder que lo levantó de entre los muertos (Ef. 1:20).

Jesús es nuestra esperanza en medio de matrimonios difíciles. Jesús es nuestra esperanza para ser esposas que se sometan a sus maridos como al Señor. Jesús es nuestra esperanza para que aquello que Dios unió, ningún hombre lo separe.

✺ Capítulo 6 ✺
La mujer y su maternidad

Una de las bellezas de haber sido hecha mujer, mi género distintivo, es la capacidad de ser dadora de vida. Ser dadora de vida no se limita a mi posibilidad de gestar en mi vientre un hijo. Dios puede traer a mi vida hijos por adopción, que son tan míos como los que salen de mi vientre. Dios puede traer a mi vida hijos espirituales, que pueden ser amados tan profundamente como los hijos biológicos o adoptados. Pero es a mí como mujer que se me ha otorgado ese título.

Pero la maternidad, en cualquiera de sus formas, no es cosa fácil. Una de las consecuencias de la caída es que la maternidad iba a ser dolorosa (Gén. 3:16). Ese dolor no se limita al embarazo y el parto, con todas las complicaciones que se presentan. Ese dolor nos acompaña en todo el proceso de crianza, porque se nos ha otorgado el privilegio de levantar una descendencia que está contagiada de pecado.

Ciertamente, en Génesis 3, leemos sobre la caída, cómo entró el pecado en la humanidad y puso todo patas para arriba, pero ahí mismo leemos de la promesa de redención con la venida de un Salvador. Un Cristo que nos libertó del pecado y que propició la presencia del Ayudador, la tercera persona de la Trinidad, el Espíritu Santo, quien habita en la vida del creyente para capacitarlo en todos sus caminos.

Esa es la esperanza en la que toda madre debe descansar. El estará con nosotras todos los días hasta el fin del mundo (Mat. 28:19-20). Él es poderoso para guardarnos sin caída (Jud. 24). Nos dará convicción de pecado cuando nuestra ira, queja y desánimo nos ataquen (Juan 16:8). Nos consolará cuando lleguen los momentos de desaliento (Juan 14:16). Renovará nuestras fuerzas como las del águila, para seguir corriendo sin cansarnos (Isa. 40:31). Nos dará sabiduría cuando vayamos a instruir y a disciplinar, cuando nos toque criar hijos difíciles o cuando nos toque criar solas (Sant. 1:5). Él estará con nosotras y esa es la garantía de que yo, como mujer y dadora de vida, podré hacer bien mi trabajo. Solo tengo que estar conectada con Él, dependiendo de Su gracia y misericordia para cada día y haciendo fielmente todo lo que a mí como madre me toca hacer.

«Como flechas en la mano del guerrero, así son los hijos tenidos en la juventud». (Sal. 127:4)

LA MATERNIDAD: UN DEMANDANTE PRIVILEGIO

La maternidad va más allá del simple hecho de haber dado a luz un hijo. Ser madre es un trabajo demandante. La persona que ocupe ese cargo debe tener las siguientes habilidades: enfermera, cuidadora nocturna, chef especialista en nutrición, chofer, árbitro, consejera, tener destreza o al menos resistencia deportiva, capacidad de interpretación de lenguas para entender el balbuceo de los que aún no hablan, ser asistente, fotógrafa, dentista, porrista, profesora—en especial, de matemáticas y ciencia—, coordinadora de eventos, asesora de estilismo, tener buen olfato y abstinencia del olfato cuando sea necesario, habilidad para localizar objetos y personas, capacidad para valorar los abrazos del hijo sudado. Eso explica por qué muchas entienden que el trabajo de oficina es mucho más fácil.

La maternidad es demandante, pero es un privilegio. La Palabra de Dios nos dice: «un don del Señor son los hijos, y recompensa es el fruto del vientre» (Sal. 127:3). Es en Su misericordia que Dios nos lo concede (Gén. 33:5). El salmista describe, en el Salmo 139, el proceso de la concepción primero como algo de exclusiva autoría de Dios y segundo como una obra extraordinaria de parte de Él.

Pero no todas las madres tienen la capacidad de ver la belleza de la maternidad. Muchas de forma inconsciente han abrazado las ideas egoístas que el ser humano en su pecaminosidad ha hilado. La corriente feminista, de forma especial, nos ha vendido la idea de que la maternidad ha aislado a la mujer de ella misma y la ha esclavizado a la unidad familiar. Muchas lloran al enterarse de que van a ser madres. Consideran esta bendición en sus vidas como un estorbo para su avance personal, académico y profesional. Y sí, ser madre tiene un precio. Hacer nuestro trabajo como madres implica sacrificios. Algunas han tenido que engavetar títulos, renunciar a trabajos, restringir su vida social, someterse a cambios físicos, en fin, morir a ellas mismas para darle vida a otro.

Ver con gozo esta nueva realidad de nuestra vida requiere madurez espiritual. Solo una mujer conectada a la vid verdadera podrá dar frutos (Juan 15). Solo una mujer que mira las circunstancias por encima del sol, que mira su día a día como Dios lo ve, es quien va a poder encarar esta nueva tarea con una actitud de puro contentamiento.

Ser madre tiene sus retos y sus bendiciones. Hablemos primero de los retos:

Mis actitudes ante los desafíos. Ser madre es algo demandante. Los trasnoches, el cansancio y la constante instrucción nos dejan drenadas. Cuando el cansancio viene y no hay fuerzas ni para pensar, esas actitudes pecaminosas que hay en mi corazón salen a flote: la ira, la impaciencia, la amargura, todo sale a flote, dejando a veces en el entorno un sabor amargo. Ahí viene el reto de prestar atención a cada una de ellas y ejercer dominio propio para poder controlarme y someter los deseos de la carne al control del Espíritu (Gál. 5:16).

Mi disposición a morir a mí misma. Ceder mi espacio, ceder mi tiempo, no tener privacidad ni para ir al baño, no poder elegir lo que quiero ver en la televisión, no poder beberme mi café caliente o preparar la comida que a mí me gusta. No poder usar mi celular, porque ellos quieren jugar, ni poder usar mis audífonos porque ellos quieren cantar. No poder salir porque no hay quien los pueda cuidar. Este es un gran reto, tener la misma actitud que hubo en Cristo, que por amor a nosotras se despojó de Sus derechos para servirnos (Fil. 2).

El desafío de ver el caos como bendición. ¿Cuántas de nosotras (sobre todo las más organizadas), pueden estar agradecidas por el caos en el hogar? No, no leíste mal. Hasta de eso debemos estar agradecidas, porque el caos implica que hay compañía, que tienes una familia, que hay pequeños corazones en crecimiento y en etapa de moldeo en los cuales tienes que verterte, pero sí, no lo niego, es un gran reto poder verlo.

Harmon Killebrew, el gran jugador de béisbol de antaño, cuenta en su autobiografía cómo creció en un hogar con cuatro niños. Dice que en una ocasión, su padre estaba en el patio delantero jugando béisbol con los niños y un vecino pasó y dijo: «Sr. Killebrew, si sigue jugando béisbol en su jardín delantero, no le quedará nada de hierba». El Sr. Killebrew respondió: «Señor, no estoy criando pasto, estoy criando niños»[1]. Pídele al Señor que te ayude a que tus ojos estén siempre enfocados en lo que es realmente importante.

---

1. Sermon Central. https://www.sermoncentral.com/sermons/what-makes-a-father-scott-epperson-sermon-on-father-s-day-108809.

El desafío de crecer en conocimiento teológico. A veces, mis hijos me lanzan unas preguntas a las que quisiera responder: «Ve y pregúntale a D. A. Carson», pero pienso en el privilegio que se me ha dado de poder yo misma instruirlos en el conocimiento de Dios, en el privilegio que es poder dejarles sembrada una frase en sus mentes que los lleve a pensar y reflexionar en Dios. Pero eso va a implicar que yo también estudie, lea, pregunte; que me cultive espiritual e intelectualmente.

El reto de modelar a Cristo. ¿Quiénes de nosotras podrían con toda libertad decirles a sus hijos lo que el apóstol Pablo le dijo a la iglesia de Corinto: «Sean imitadores de mí, como también yo lo soy de Cristo» (1 Cor. 11:1)? Nuestros hijos son los principales testigos de nuestro crecimiento y madurez espiritual.

Lamentablemente, ellos copian más rápido las imperfecciones de nuestro carácter que las virtudes que tenemos. Es por eso que día a día, en oración y comunión con Dios, debo disciplinarme para poder modelar piedad a ellos, para poder ser para ellos como una Biblia abierta en donde no solo puedan ver las virtudes, sino también la misericordia de Dios para conmigo. Quizás puedas tú misma enlistar muchos más, pero en mi vida he visto que estos han sido los retos más grandes que he tenido que enfrentar en mi corta experiencia de maternidad.

Ahora bien, hay bendiciones en ser madre. La primera es que los hijos son los instrumentos de Dios para formar Su imagen en mí. No lo digo como broma; lo digo como una muestra de Su bondad hacia mí. Los hijos sacan de nosotras cosas que nadie más puede sacar. Si Dios me da ojos para ver las áreas de mi carácter en las que tengo que trabajar, soy una privilegiada. Porque solo una mujer que va creciendo en santidad y pareciéndose más a la imagen de su Padre celestial es la que encuentra propósito y gozo en esta tierra.

La segunda bendición que he experimentado al ser madre es que el amor que les tengo a mis hijos me recuerda a diario el amor que Dios tiene por mí. Si yo, pecadora, tengo la capacidad de amar tanto y entregar tanto, cuánto más mi Padre celestial no haría por mí (Mat. 7:11). Su amor por mí es perfecto, es grande e inagotable y la maternidad me lo enseña.

La maternidad es demandante, pero es un privilegio. Uno que no cambiaría por nada en el mundo. Que Dios nos ayude a convertirnos cada día más en madres conforme a Su corazón, para contribuir con levantar una generación que le tema y le conozca.

INSTRUIR EN TODO TIEMPO

Un editor de Londres presentó a Winston Churchill para su aprobación una lista de todos los que habían sido sus maestros. Churchill devolvió la lista con este comentario: «Ha omitido mencionar al más grande de mis maestros: mi madre».[2]

Si bien es cierto que la instrucción a los hijos no es un mandato exclusivo de la madre, sino de ambos padres, la realidad en muchos hogares es que la madre es quien pasa más tiempo con los hijos, y por ende, es ella quien tiene la mayor cantidad de oportunidades de instrucción.

Como veremos más adelante, la disciplina es un tipo de instrucción. Es una instrucción con un fin correctivo; no con el fin de aplicar un castigo, sino una corrección instructiva. La disciplina es una oportunidad de mostrarle al hijo vívidamente el camino por el que debe andar (Prov. 22:6) y todo padre que ama a su hijo no debe omitir esta parte importante de la crianza (Heb. 12:6-8).

Pero hay otro tipo de instrucción, y es la que quiero ampliar en esta parte. Se trata de la instrucción o el entrenamiento preventivo, y esa se trabaja en el corazón, porque es de allí que nos dijo nuestro Señor Jesús que provienen nuestros pecados (Mat. 15:19).

En la medida que nuestros hijos van creciendo, hay un carácter que se va formando. Es nuestro deber como madres formar sus mentes, no con nuestras ideas, sino con la sabiduría que proviene de la Palabra de Dios. Bien dice Romanos 12:2 que Dios es quien cambia nuestra manera de pensar y nos equipa para que no imitemos las costumbres de este mundo, y lo hace a través de Su Palabra.

El Salmo 19 habla ampliamente de los beneficios de atesorar la Palabra de Dios. Ella restaura el alma, me da sabiduría, me ayuda a ver la vida por encima del sol y me advierte del peligro. Un corazón equipado con esas habilidades les permitirá a nuestros hijos vivir una vida que agrade a Dios; por ende, una vida que sea satisfactoria para ellos. ¿Qué madre no quiere eso?

Pero ese entrenamiento requiere un esfuerzo. Deuteronomio 6:6-7 nos dice que «estas palabras que yo te mando hoy, estarán sobre tu corazón. Las

---

2. Michael P. Green. *1500 Illustrations for Biblical Preaching*. (Grand Rapids, MI: Baker Books, 2000), pág. 251.

enseñarás diligentemente a tus hijos, y hablarás de ellas cuando te sientes en tu casa y cuando andes por el camino, cuando te acuestes y cuando te levantes».

De esta porción, hay tres cosas vitales a resaltar. La primera es que se nos dice que la Palabra de Dios debe estar primero en mi corazón. Yo no puedo pasar algo que yo no creo, ni debo pasar algo que no vivo.

Dios requiere devoción de ti primero y luego serás apta para pasarla a tus hijos. Antes de enseñar a tus hijos a leer la Biblia, léela tú primero. Trata de tener tu tiempo a solas con el Señor y de introspección de lo que vas a leer. Que tú seas ministrada primero para luego poder darles a tus hijos. Deja que ellos te vean leyendo la Biblia, leyendo libros de crecimiento espiritual, para que les puedas modelar lo que es una vida de disciplina en cuanto a la alimentación de la Palabra de Dios.

Pero no solo basta leer; necesitas aplicar lo que lees, vivir lo que les predicas a tus hijos. No importa cuán buena seas haciendo un devocional con ellos, qué tan consistente sean tus tiempos de devocional, no importa cuán bueno el material que estés usando; nada de eso importa si tu testimonio no es consistente con lo que estás hablando. Puede que les estés diciendo que Dios es amor y no seas una madre amorosa. Puede que estés hablando de que Dios es un Dios lleno de paciencia y tú no tengas paciencia. Nuestra vida testimonial les habla mucho más de lo que pudiera hablarles un devocional. Si no hay consistencia entre lo que enseñas y lo que vives, lo que estás modelando es hipocresía, es una dualidad de vida, y eso no es piadoso ni de buen testimonio.

Lo segundo importante que puedo ver es que Deuteronomio 6 nos dice que seamos constantes: «Las enseñarás diligentemente a tus hijos» (v. 7). Ser diligente es estar presta para instruir en el momento adecuado. El cansancio a veces nos vence y nos agotamos de tanto hablar, y quizás hablar de la misma instrucción que le di la semana pasada o días atrás. Pero debe animarnos que cada oportunidad de instrucción sea una oportunidad de crecimiento o de conversión.

Lo tercero que dice Deuteronomio 6 es que seamos constantes: «y hablarás de ellas cuando te sientes en tu casa y cuando andes por el camino, cuando te acuestes y cuando te levantes». En todo tiempo. Recuerda que hablar «estas cosas» a tu hijo no es solamente un devocional en la mañana y un devocional en la noche. Hablar implica modelar, enseñarle lo que Cristo haría y lo que nosotros, como Sus representantes, debemos hacer.

Algo vital para lograr esta constancia es presencia. Cada espacio que Dios te provee junto a tus hijos es una oportunidad, no la desaproveches. Usa bien tu tiempo y siempre ten presente el objetivo: que ellos puedan ver a Cristo.

Alguien dijo una vez: «Si no le enseñas a tu hijo que siga a Cristo, el mundo le va a enseñar a que no lo haga». Es nuestro deber, nuestro gozo, nuestro privilegio poder contribuir con esto.

Una herramienta vital en mi intencionalidad y constancia de pasarles la Palabra de Dios a nuestros hijos es el devocional. Quiero ser sensible con las realidades que nos rodean. No podemos ignorar que muchas de nosotras están criando como madres solteras, otras, aunque casadas, sus esposos no son creyentes o, si lo son, no están muy comprometidos con la fe, por lo que relegan la instrucción en tus manos.

No podemos ignorar que vivimos en un mundo caído, donde las cosas no funcionan como una quisiera, pero eso no quiere decir que las que están criando sin el soporte del padre en esta área no puedan hacer un buen trabajo. Bíblicamente, tenemos el ejemplo de la abuela Loida y la madre Eunice, que gozaban según el apóstol Pablo de una fe sincera, y que aparentemente esa enseñanza le fue traspasada a Timoteo (2 Tim. 1:5).

Muchas se preguntan: ¿Cuál debe ser la frecuencia, qué forma debe tener el devocional, qué material usar? Pero no pretendo marcar una línea, porque cada familia tiene su dinámica. Lo vital aquí es que tengamos nuestro tiempo devocional cada vez que podamos, sin llevar a ira a nuestros hijos, estimulándolos de lo beneficioso para el alma que es este tiempo y usando cada material o versículo para hablarles y llevarlos a Cristo. Quizás no veas fruto inmediato de tu esfuerzo, pero Dios nos dice que Su Palabra nunca vuelve vacía; siempre va a lograr el propósito que Él desea (Isa. 55:11). Al final, nos resta descansar en Su soberanía, ya que Él y solo Él puede cambiar los corazones. Que Dios nos encuentre siéndole fiel, con cada minuto que nos dé.

DISCIPLINAR POR AMOR

Podría parecer contradictorio disciplinar a un hijo porque lo amas. Pero eso es lo mismo que nos dice nuestro Señor en Hebreos 12:6: «porque el Señor al que ama, disciplina, y azota a todo el que recibe por hijo». Si Dios lo hace con Sus hijos, sin duda, a nosotros los padres terrenales nos toca hacerlo con los nuestros y verlo como Él lo ve: un acto de amor.

Para poder entenderlo mejor, es bueno comprender el concepto de disciplina. El diccionario bíblico Tyndale define la disciplina como el aprendizaje que moldea el carácter y que te lleva a una conducta correcta. *Disciplina* viene de la palabra en latín que significa instrucción o entrenamiento. Disciplinar a una persona o a un grupo de personas implica ponerlos en un estado de orden para que funcionen de la forma que fueron diseñados para funcionar.[3] En otras palabras, la disciplina es un entrenamiento correctivo y amoroso que te lleva a convertirte en una persona más madura y responsable.

Disciplinar correctamente tiene beneficios. El libro de Proverbios, aunque sabemos que no es un libro doctrinal sino de sabiduría, arroja muchos principios que, si los seguimos y si la gracia de Dios nos acompaña, nos irá bien en nuestra labor de crianza y disciplina.

La disciplina aleja al niño de un carácter necio (Prov. 22:15). La disciplina produce obediencia, produce una persona con reverencia y respeto a la autoridad; y un niño con reverencia y respeto a la autoridad es un niño más propenso a ir a la cruz a pedir perdón por sus pecados, porque él entiende que con su pecado, la autoridad fue ofendida (Prov. 19:18).

Disciplinar al hijo es una oportunidad para presentarle el evangelio y que él lo reciba. Si la gracia de Dios lo toca mediante la disciplina al señalarle su falta, su pecado, y la consecuencia del mismo, tu hijo va a poder entender su condición de pecador y su necesidad de un Salvador. Y si la gracia de Dios lo toca, y tu hijo acepta a Jesús como Señor y Salvador, no morirá espiritualmente, sino que obtendrá vida eterna, y todo esto porque has usado el canal de la disciplina para mostrarle el pecado y al mismo tiempo la gracia salvadora (Prov. 23:13).

Nosotros los padres somos los instrumentos en las manos de Dios de evangelización para nuestros hijos. No desaproveches la oportunidad de oro de mostrarle a tu hijo, mediante su falta y las consecuencias de su pecado, el camino a la cruz. Claro, porque ahí está el mensaje, Romanos 6:23 dice que la paga del pecado es muerte; es decir, trae consecuencias, pero, la dádiva de Dios es vida en Cristo Jesús.

Ahora bien, la crianza no se trata solo de aplicar la justa disciplina, sino de hacerlo de la forma correcta.

---

3. Elwell, Walter A., y Philip Wesley Comfort. *Tyndale Bible Dictionary* (Tyndale Reference Library, 2001), 385.

En la familia de la fe, te vas a encontrar varias posiciones con relación a los métodos a usar cuando vas a corregir.

Por un lado, te encuentras a aquellos que entienden que la corrección siempre debe ser física; por lo tanto, muchos usan las nalgadas como parte del proceso disciplinario. Hay otros que entienden que la corrección nunca debe ser física porque eso es una «agresión» al niño. Este grupo entiende que el uso de consecuencias es lo adecuado: «el tiempo fuera», quitarle salidas, televisión, equipos electrónicos y así sucesivamente. Para ellos esto es disciplinar.

Pero ¿cuál de los dos métodos es el correcto? La Biblia no tiene un manual con el paso 1, 2, 3 de la disciplina, aunque sí arroja muchísimos principios que podemos extraer.

En ese sentido, lo primero a informar es que la Biblia sí da permiso a los padres para disciplinar físicamente, es decir, el uso de la vara, y eso es demostrado con un sinnúmero de versículos que hablan de la vara en el momento de la disciplina. Pero debemos aclarar que en el 100 % de las veces en que Biblia se refiere a la vara no está hablando estrictamente de un instrumento físico. «La vara de la corrección» puede ser un instrumento físico como en ocasiones una corrección verbal, y es por eso que no podemos concluir en que toda corrección y disciplina amerita el uso de la vara, pero tampoco podemos concluir que la Biblia no apoya el método de corrección física. Entonces, la pregunta es: ¿cuándo usar la vara y cuándo no?

El cuándo debe ser un criterio acordado entre los padres. Pero muchos consejeros animan a usar la vara solo cuando el niño haya desafiado directamente la autoridad del padre. La vara le comunica al hijo quién es la autoridad, y el poder que tiene el padre sobre él.

Otra ocasión en la cual se recomienda su uso es cuando niños pequeños han violentado límites de seguridad. La nalgada se usa para llamar la atención y hacerle ver la gravedad de lo que han cometido. Por ejemplo, si un niño, sobre todo en una temprana edad, suelta la mano del padre y cruza una calle o si hizo cualquier otra cosa peligrosa que amerita una potente llamada de atención, entonces usamos la vara. Pero como dije al principio, esto es algo que debe acordarse entre los padres.

Estas ideas hablan del cuándo, pero ¿cómo usar la vara?

Hay un versículo que nos sirve a nosotros de guía en cuanto a nuestro proceder al momento de la corrección en la disciplina. Efesios 6:4 (NTV) dice: «Padres, no hagan enojar a sus hijos con la forma en que los tratan».

¿Cómo usar la vara? De una forma que no lastime ni física ni mucho menos emocionalmente a tu hijo, porque sería un grave error exasperar a mi hijo al punto de provocarlo a ira, enojo, irrespeto, o sentimiento de abuso.

Lo primero es nunca pegar con ira. Las nalgadas con ira son fatales. Puedes golpear en exceso hasta lastimar o herir a tu hijo y eso puede hacer un gran daño no solo físico sino también emocional. Nosotros, en un tiempo, cuando el período de las nalgadas estaba activo—porque tenemos que entender esto, ellos crecen y los azotes van disminuyendo—, porque el niño va madurando y va entendiendo los límites y entiende mejor la autoridad del padre. Entonces, en ese tiempo, nos sirvió mucho colocar el instrumento elegido para dar el azote en un lugar específico, cuestión de que mientras vamos caminando hacia donde está el instrumento guardado, nuestra molestia o la ira se va apaciguando y al volver estamos más calmadas.

En segundo lugar, al hijo hay que explicarle por qué lo estás diciplinando y verificar que entienda lo que hizo, la falta y la consecuencia. Y ahí es donde mejor podemos ver el concepto de disciplina e instrucción.

Lo tercero es perdonar. Una vez que la consecuencia fue aplicada, hay que hacer lo mismo que Dios hace con nosotras cuando nos perdona: olvidarse del pecado. A diferencia de lo que nosotros muchas veces hacemos, Dios al perdonar no se acuerda más de ellos. Es muy doloroso ver a padres que sacan a colación una y otra vez la falta. Si perdonaste, debes olvidar.

Entonces, una vez explicada la disciplina con la vara, y entendiendo que la corrección física no se debe hacer para todo, ¿qué otro método de disciplina hay?

En la etapa en la que estoy con mis hijos (diez y quince años), aplicar consecuencias ha resultado mucho mejor. Cada niño es diferente y hay formas de disciplinar que son más efectivas en uno que en otro. Por ejemplo, a un niño al que no le guste el deporte, que le digas que su consecuencia va a ser no ir a su clase de fútbol en realidad no es una consecuencia, ¡es un regalo! Entonces, cada padre debe de conocer a su hijo y aplicarle la consecuencia que entienda va a traer convicción de pecado a su corazón. ¡Recordemos que el objetivo de la disciplina no es hacerlo pagar y que sufra! El objetivo es corregir la conducta y enseñarle el camino a la cruz.

Por último, porque no lo quiero dejar de mencionar, hay madres que dicen que ninguna disciplina les funciona. Si ese es tu caso, te animo a revisar lo siguiente:

1- ¿Eres consistente con lo que dices?. Es decir, ¿cumples lo que prometes? ¿O eres débil y fácil de persuadir, poco resistente? Por ejemplo: aplicas la consecuencia de no televisión en el día, pero llega la noche y cedes y lo dejas usarla. Le dices que no irá a un cumpleaños y el día antes, lo dejas ir. La inconsistencia no hace bien porque el niño aprende a salirse con la suya y dice: «Ya se le olvidará», «Seguro me lo quita», y el momento de reflexión y de convicción no llega. Así que si vas a aplicar consecuencias, tienes que mantenerlas aunque eso implique que tú y tu esposo o los otros hermanos van a ser afectados por ellas. Así que te animo a que solo prometas lo que podrás cumplir.

2- ¿Estás siendo congruente? «Mami me castigó por decir mentiras, pero ella dice mentiras». «Mami me castigó porque me quedé viendo una imagen indebida, pero ella lo hace». Hermanas, a nuestros hijos hay que modelarles la integridad, para que ellos sean íntegros también. Ser integro es ser lo mismo en público que en la intimidad de tu casa.

3- ¿Las consecuencias son desproporcionadas respecto a las faltas? A veces fallamos y aplicamos consecuencias muy grandes para faltas pequeñas. Pídele al Señor que te dé sabiduría para que puedas ser justa y no crear ira en tus hijos.

Disciplinar a veces nos duele más a nosotras que a los mismos hijos, pero cada vez que venga el sentimiento de pena que te haga flaquear, piensa que la disciplina, según Dios, es un acto de amor. «Él que evita la vara odia a su hijo, pero el que lo ama lo disciplina con diligencia» (Prov. 13:24)

CÓMO LIDIAR CON MI ADOLESCENTE

Guerra avisada no mata soldado, y si lo mata, es por descuidado. Es lo que viene a mi mente cada vez que una madre de un futuro adolescente me pregunta cómo me está yendo en esa etapa de crianza. Cuando me lo preguntan, las veo asustadas, preocupadas como si entendieran que van a entrar a una etapa de amargura, pleitos y diferencias con su adolescente. Y sí, en parte es cierto, vamos a entrar en una etapa en donde el adolescente está experimentando cambios.

Esta es una etapa en donde ellos están formando sus propias ideas y criterios, y no son necesariamente lo que nosotros hemos sembrado. De ahí los roces con los padres, las discusiones, a veces frustraciones. Pero en todo esto, no podemos olvidar que estas hormonas revueltas las diseñó Dios y que si se lo pedimos, Él está dispuesto a dotarnos de sabiduría para salir de esta etapa en la crianza, victoriosos y habiendo hecho lo que nos tocaba.

Y como la guerra avisada no mata soldado, es bueno que tengamos en cuenta estas dificultades que vamos a experimentar con nuestros adolescentes, para que, al saberlas de antemano, nos preparemos emocionalmente y lidiemos con ellas de una forma que glorifique a Dios y que les sirva a nuestros hijos.

Con nuestros adolescentes, a veces experimentamos un sentido de desconexión y una falta de integración. «¡Este no es mi hijo! ¿Por qué piensa así, de dónde ha sacado esas ideas?». En esta etapa, no solo puede haber una desconexión de ideas, sino también de los intereses. Ellos ahora prefieren estar con sus amigos y no con nosotros. Ya se acabó el «por favor, mami, siéntate conmigo a ver muñequitos o a jugar un juego de mesa». Ahora ellos buscan su espacio, y si los invitas a entrar en el tuyo, vas a recibir un «no, gracias». ¿Qué le paso a mi hijo? ¡Me lo han cambiado! No, es que es un adolescente y está trazando su propio curso.

Otra conducta muy típica del adolescente, y que si estamos advertidas la podemos manejar más pacíficamente, es la falta de colaboración, especialmente, en las cosas del hogar. Ese sentido de egoísmo se les agranda. Su espacio, su tiempo, sus intereses se hacen más evidentes y por supuesto esto causa mucha frustración en nosotras y potenciales conflictos.

Otra dificultad que se presenta en esta etapa es los problemas de comunicación. Sus cambios hormonales que influyen en esos cambios emocionales hacen de la comunicación un problema. ¡Es como si hablaran idiomas distintos! Algunos padres sienten que comunican una cosa a sus hijos y ellos entienden otra.

Ahora bien, no olvidemos lo que está pasando en ellos. Ellos también están pasando por cambios físicos y emocionales. Su cuerpo está cambiando. Están en una transición, no son niños, pero no son adultos. Pongámonos por un momento en sus zapatos y recordemos cómo nos sentíamos en nuestra adolescencia. Si no lo recuerdas, busca el álbum de las fotos y lloremos juntas. ¡Qué raras estábamos!

Ellos experimentan temor al futuro, no se sienten entendidos, no se sienten escuchados. Pero nos toca a nosotros los padres entenderlos, soportarlos, guiarlos, recordarles su seguridad en Cristo. Como hay mucha confusión en esta etapa, y muchos no sabemos qué hacer, con el deseo de hacerlo bien podemos caer en varios errores.

Por ejemplo, hay padres que, por hacerle ver al adolescente que lo aman y comprendiendo su etapa difícil, deciden no disciplinarlo. Al querer conectar con el hijo y no saber cómo hacerlo entonces, optan por convertirse en «sus amigos», y se les olvida que son los padres y que, por ende, su rol implica instruirlos, corregirlos y poner límites. En busca de que ellos sean felices, dejan de hacer lo que tienen que hacer para que en un futuro sean realmente felices. En la Biblia, encontramos un ejemplo de un padre que no aplicó consecuencias a la conducta errática de sus hijos y luego cosechó las consecuencias. Este hombre fue Elí, y el relato lo vemos en 1 Samuel 2. Aun al ver la maldad de sus hijos, Elí no los corrigió.

Hay padres que se van al otro extremo: pura corrección. Con el deseo de corregir a sus hijos, poner límites y cuidarlos, la relación con el adolescente se convierte en un constante pleito y una eterna discusión. Cualquier cosa que el adolescente haga o diga es motivo de conflicto. Se olvidan completamente este mandato de la Palabra: «Padres, no exasperen a sus hijos, para que no se desalienten» (Col. 3:21).

La pregunta de todas es: ¿qué hacer?, ¿cómo mantener una relación saludable y piadosa con mi adolescente?

Nuestro adolescente es un instrumento en las manos de Dios para nuestra santificación. Si fuéramos padres perfectos, la crianza de un adolescente no debiera ser difícil. Pero en nuestro pecado, miedos e imperfecciones, en la crianza sale lo que hay dentro de nuestro corazón y es una buena oportunidad para trabajar con eso que ha salido sin ignorarlo.

En cuanto al adolescente, recomendamos varias estrategias:

Ten expectativas reales: Recuerda que tus hijos son pecadores. Ellos van a fallar, se van a equivocar, hablarán de formas incorrectas, no te van a obedecer porque son pecadores. Esto no quiere decir que los dejaremos hacer lo que quieran porque son pecadores, pero sí quiere decir que nuestras expectativas estarán en el lugar correcto. «No hay justo, ni aun uno» (Rom. 3:10).

Aprende a escucharlos: Tus adolescentes deben sentir y ver que te importa su opinión, que valoras lo que piensan. Una de las más grandes quejas de un adolescente es que sus padres no los escuchan. Al escucharlo, ten pendiente que tú no eres su amiga, eres su madre y eso implica que hay ocasiones en donde lo escuchado va a requerir acción, va a requerir desde un consejo hasta una corrección.

Pon límites. El adolescente es muy emocional y cambiante en sus emociones. Poner límites a nuestros hijos los ayudará a tomar mejores decisiones y a discernir lo bueno de lo malo, lo lícito de lo ilícito. Los límites los protegen y los ayudan a crecer. Al ponerlos, aprovecha esa oportunidad para conversar con ellos y explicarles la razón y la necesidad de ponerlos. Es vital que el adolescente al transgredirlos también pueda experimentar consecuencias.

Por último, no dejes de instruirlos en la Palabra. Cada vez que puedas, exponlos a la predicación. La fe viene por el oír, el oír la Palabra de Dios, así que si queremos hijos creyentes, necesitamos exponerlos a ella. Es la Palabra de Dios la que contiene la sabiduría que los puede llevar a salvación (2 Tim. 3:15).

Y siempre, siempre, como madre muestra a Cristo. Trata a tu hijo como Dios nos trata a nosotras, con gracia y con verdad. El amor de nuestro Padre celestial nunca cambia; el nuestro hacia nuestros hijos tampoco debe cambiar, independientemente de cómo se hayan comportado. Muéstrales que, aunque haya consecuencias por sus pecados, el perdón siempre estará a la puerta.

Mi hijo a los diez años me dijo: «Mami, ya soy adolescente, esto va a ser difícil». Le respondí que no, que no tiene que ser difícil si actuamos conforme al consejo de Dios. En mi trato hacia él, he visto sus cambios de humor y su deseo de definir sus ideas. Como vela que empuja el barco por el viento, así estoy con mi adolescente; Dios es el viento que nos da la fuerza y nos usa como madres para ser esas velas que guían al barco. En Él hay confianza y descanso para llevarlo a puerto seguro.

LA CRIANZA A SOLAS

Con frecuencia, me preguntan si criar me ha sido difícil. Mi respuesta siempre ha sido la misma. Criar es muy difícil y más en estos tiempos. Si la crianza de un hijo de parte de dos padres unidos en matrimonio, viviendo bajo un mismo techo, es difícil, ¿cuánto más cuesta arriba sería para una madre soltera? Criar sola no es difícil, es *muy* difícil. La madre soltera no cuenta con la ayuda de un cónyuge en el cual pueda distribuirse la carga, no solo física sino también emocional, que supone la crianza. Criar sola es muy difícil, pero no es imposible, y más cuando contamos con un Dios que dice en Su Palabra que es el Padre de los huérfanos y defensor de las viudas (Sal. 68:5).

Criar no implica solo un cuidado físico; también implica instrucción constante en los asuntos no solamente de la vida cotidiana sino también del corazón. Al observar las vidas de madres que están criando solas, me he percatado de sus retos. Está la imposibilidad muchas veces de que los hijos, en especial los varones, tengan cerca una figura masculina que les sirva de modelo. También está el reto de la provisión económica. A veces, la madre es la única fuente de ingresos y eso muchas veces implica que ella no pase suficiente tiempo con el hijo, lo cual limita la cantidad de oportunidades que ayudan a instruir al hijo.

Algunas madres solteras enfrentan el reto de tener que pulsear con el padre del hijo las diferencias que existen con relación a tu entendimiento de lo correcto y lo incorrecto. Por ejemplo, cuándo darle un celular, qué música permitirle que escuche, los lugares que frecuenta, la ropa que se pone, etc. También está la disciplina, cómo y por qué llevarla a cabo, la determinación de las consecuencias. En la formación del carácter, es importante delimitar estas cosas y hacerlo con un entendimiento bíblico de las razones de las cosas, que muchas veces el padre no comparte. Son realidades muy tristes que debe enfrentar una madre soltera, y es por eso que ellas requieren de una dosis especial de la gracia, la sabiduría y el favor de Dios.

Al mencionarte todos estos retos, quizás pudiste identificarte con alguno o con todos ellos. La intención no fue desanimarte, sino comunicarte que te entiendo, al tiempo que te pido que no te desanimes, porque a pesar de las circunstancias, a pesar de que esta situación sea una consecuencia de tu pasado pecaminoso o producto del pecado de otro hacia ti, en Cristo hay esperanza y restauración.

Al preguntarles a varias hermanas en la fe sobre qué consejos le darían a una mujer en su situación, ellas mencionaron los siguientes:

No te creas autosuficiente. Muchas madres solteras pueden llegar a pensar que no necesitan a nadie. Que ellas solas podrán salir adelante. Ese es un grave error. Lo primero que te motivamos a hacer es a entender que necesitas ayuda.

La primera ayuda que necesitas es la de Dios. Bien lo dijo nuestro Señor Jesús en Juan 15:5: «separados de Mí nada pueden hacer». Dios es quien nos dota de sabiduría, Él es quien trae la provisión a nuestras vidas... ¡Él!

Pide ayuda a personas piadosas que te rodean. De esas personas que pueden caminar junto a tus hijos en esta vida. Dios nos creó para vivir en comunidad, por lo que la tarea de crianza es más fácil cuando la ejecutas con la ayuda de las personas que Dios ha puesto a tu lado.

Otro error que muchas cometen es que, por la pena de ver a su hijo criándose con un solo padre, terminan siendo indulgentes. Una madre puede pecar de indulgente al no aplicar la corrección necesaria a su hijo (Prov. 13:24). Los niños necesitan corrección por sus pecados. No les tengas pena, no veas la disciplina como una adición de dolor a su vida. Según Proverbios, Dios mismo no lo ve así, pues tú tampoco puedes verlo así. La disciplina es necesaria, lo que necesitas es saber aplicarla en su justa medida, sin excesos, pero sin pena.

La permisividad es otra forma de indulgencia. Si actúas permisivamente, tus hijos van creciendo con el entendimiento erróneo de que se merecen todo y de que son víctimas, y no es así. Eso que les ha pasado es parte de la consecuencia del pecado y de vivir en un mundo caído. Puedes ser indulgente al complacer a tu hijo con todas las peticiones que te haga. Si pide un regalo, se lo das; si quiere un helado, se lo compras. Muchas madres tienden a apaciguar el dolor de la partida o la ausencia de un padre con regalos. Eso tampoco les hace bien. A los niños hay que decirles que no, hay que ponerles límites.

Pídele al Señor que te llene de sabiduría para poder usar esta prueba, esta carencia, como un mecanismo para llevar a tu hijo a conocer al Padre perfecto, a Dios. La adversidad es lo que nos hace personas más fuertes, no la abundancia ni la calma. Es en la adversidad que el carácter es formado; entonces, usa esta adversidad para ministrarle a tu hijo. Esta es una oportunidad para mostrarle la consecuencia del pecado y el poder restaurador de Dios.

Y por último, pon límites y crea una estructura. Ambas cosas no son solo saludables, sino también beneficiosas para el carácter que se está formando en tu hijo. Muchas madres tienden a descartar las estructuras porque no quieren ser firmes, ya sea porque le tienen pena al hijo o porque, como el niño ha pasado por este trauma, no quieren imponer nada que sea cuesta arriba. O simplemente ellas están tan cansadas física y emocionalmente que emprender la batalla por la estructura y los límites es muy pesado.

Pero las consecuencias de no hacerlo son mucho peores, y muchas de ellas las vemos en la adultez del niño. Si tienes niñas, en nuestra cultura latina que tiende a ser machista, los límites son importantes, porque les estás enseñando qué cosas pueden permitir y qué cosas no.

Modela el perdón. Además de que es un mandato de Dios, vivir en una constante guerra con el padre de tus hijos no va a contribuir con la crianza. Debes ganártelo como aliado, no tenerlo de enemigo. Eso no quiere decir que debes acceder a las peticiones y formas que difieren con los principios bíblicos, pero sí es bueno elegir las batallas.

Quizás tú vienes de una relación y una separación que te causó muchas heridas, y muchas cosas que no debieron haber pasado sucedieron, pero recuerda quién es tu Dios, recuerda que Él es el juez justo, recuerda que Él está a tu favor como Su hija que eres, y que te ama tanto que tu problema más grande lo resolvió en la cruz del Calvario.

Si estás criando sola, te animamos a que no desmayes. El buen Pastor que dio Su vida por las ovejas es el mismo que te sostiene de la mano y en delicados pastos te hará descansar. Confía en la bondad y misericordia del buen Pastor y pídele que les permita a tus hijos verlo tal como es: nuestro buen Padre.

Capítulo 7

La mujer y su soltería

Paty Namnún

«¿Cómo es posible que una joven tan buena no se haya casado todavía?». «Ella se ve tan bien, ¿será que hay algo extraño con ella que no ha logrado conseguir un esposo?».

Puede que lamentablemente te haya tocado escuchar alguna frase como esta y quizás hasta hayas llegado a preguntarte si genuinamente algo anda mal contigo, y que ideas como estas hayan comenzado a definir tu identidad y valor.

La soltería no es un problema, y estar soltera no representa algo malo. Pensar en la soltería de esta manera presenta una idea equivocada y mucho mayor detrás.

Ver la soltería como un problema, como algo que toda mujer soltera «necesita arreglar en su vida» implica que el matrimonio es la bendición más grande que podemos tener en esta vida. Es como si estuviéramos diciendo que el punto al que debo llegar para ser feliz es al matrimonio. Y mi querida amiga, esta no es la realidad. Cuando vemos las cosas de esta manera, estamos poniendo el matrimonio en el lugar de Dios, y eso es idolatría.

El matrimonio no es la mayor bendición que podamos tener; Jesús es nuestra mayor bendición. Mi querida amiga, tu soltería no te define ni te da identidad. Tu identidad te la da tu unión con Cristo, no ninguna unión terrenal.

Mira lo que la Biblia dice acerca de aquellos que estamos en Cristo (ya sea que seamos solteras o casadas):

- Somos escogidas, santas y amadas:
  «Entonces, ustedes como escogidos de Dios, santos y amados...» (Col. 3:12)

- Somos adoptadas como hijas:
  «Pues ustedes no han recibido un espíritu de esclavitud para volver otra vez al temor, sino que han recibido un espíritu de

adopción como hijos, por el cual clamamos: "¡Abba, Padre!"».
(Rom. 8:15)

- Tenemos una esperanza viva y una herencia en los cielos:
«Bendito sea el Dios y Padre de nuestro Señor Jesucristo, quien
según Su gran misericordia, nos ha hecho nacer de nuevo a una
esperanza viva, mediante la resurrección de Jesucristo de entre
los muertos, para obtener una herencia incorruptible, inmacu-
lada, y que no se marchitará, reservada en los cielos para ustedes». (1 Ped. 1:3-4)

- Todavía no se ha manifestado lo que nos espera:
«Amados, ahora somos hijos de Dios y aún no se ha manifestado
lo que habremos de ser». (1 Jn. 3:2)

Ningún estado terrenal define lo que somos. Nuestra identidad está en lo
que Jesús ha hecho a nuestro favor. No quiero ser simplista, y más porque
estoy casada. No está mal desear un matrimonio, no está mal anhelar que
el Señor nos conceda el regalo de un esposo. El problema es cuando depo-
sitamos nuestra esperanza en eso que anhelamos, cuando pensamos que
«eso» que tanto queremos determinará nuestra vida en plenitud, cuando
solo Cristo puede dárnosla.

Ahora bien, algo que también muchos solteros comenten es el error de
pensar que su vida comienza cuando llegan al matrimonio. Es como cuando
estamos por entrar a ver una obra de teatro y mientras inicia esperamos en
el vestíbulo. Tenemos pequeñas conversaciones y limitamos lo que hacemos
porque estamos ahí a la espera de que nos llamen a entrar a ver la obra por
la que estamos esperando.

Si piensas que tu vida comienza cuando te cases, has convertido el matrimonio en tu lugar de adoración, en ese monte que ves de lejos y piensas
que lo único que quieres en la vida es llegar ahí, cuando debería ser solo
Jesús en quien nuestros ojos estén puestos en todo tiempo y nuestro mayor
anhelo.

Mi querida amiga, si estás soltera, tu vida no está en espera hasta que llegue el matrimonio. Tu vida está en marcha exactamente en el lugar en el
que Dios la quiere. Porque cada etapa en la que nos encontremos tiene
propósitos diferentes y tiene formas distintas en las que podemos reflejar
a nuestro Señor.

Por ejemplo, el matrimonio, por diseño, refleja la hermosa unión de Cristo y Su iglesia, pero la soltería es una etapa en la que de una manera especial tenemos la oportunidad de mostrar cómo solo Jesús satisface y cómo podemos llevar vidas plenas en Él.

Tu vida ya está en curso y tienes la oportunidad de servirlo y honrarlo en el lugar en el que te ha puesto y en el estado civil en el que estás ahora mismo.

DESCUBRE LA MENTIRA

Hay un juego en el que una persona dice algunas cosas sobre sí misma y, entre esas cosas, hay una que no es cierta, y los que escuchan tienen que descubrir cuál es la mentira en medio de las verdades que se están diciendo.

En medio de la soltería, no solo están las luchas internas de no encontrar identidad en el matrimonio o no pensar que nuestras vidas comienzan cuando nos casamos. Algo más con lo que muchas tienen que lidiar es con los comentarios equivocados de otros, y parte importante en todo esto es que aprendas a discernir la verdad del error. Quisiera ayudarte un poco con esto, y por eso quiero compartir contigo algunas mentiras que pudieras llegar a escuchar en medio de tu soltería:

1. «Tienes mucha suerte de no estar casada, porque el matrimonio es muy difícil».

La razón por la que esto es una mentira que no debes abrazar es que, en realidad, cada etapa en la que nos encontremos ha sido diseñada por Dios para nuestras vidas. No debo pensar que un estado civil es mejor que el otro. La realidad es que debajo del sol toda etapa tiene sus retos. Así como hay retos en el matrimonio, sin duda alguna también los hay en la soltería.

En lugar de pensar que una etapa es mejor que otra, la actitud de nuestro corazón debe ser de gratitud exactamente en el lugar en que Dios nos tiene. Estés casada o soltera, Dios sigue estando y sigue obrando. «Den gracias en todo, porque esta es la voluntad de Dios para ustedes en Cristo Jesús» (1 Tes. 5:18).

2. «Aprovecha ahora que estás soltera para hacer todo lo que quieras, porque cuando te cases, se acaba tu libertad».

¡Ninguna etapa es para que hagamos lo que queramos! Como creyentes, nuestras vidas le pertenecen a Cristo y, por lo tanto, todo lo que hagamos debe ser hecho para la gloria de Su nombre (Col. 3:17), no para satisfacer cada uno de nuestros deseos. En cada etapa en la que nos encontremos, debemos buscar la dirección de Dios para el uso de nuestro tiempo y también en el uso de nuestros recursos. Que estés soltera no quiere decir que puedes usar tu dinero en todo lo que desees. Donde sea que nos encontremos, debemos usar nuestros recursos con sabiduría, compartiendo con aquellos que tienen necesidad (Ef. 4:28). En medio de tu soltería, pregúntate: ¿qué quiere Dios que estés haciendo con tu tiempo en esta etapa? ¿Cómo quiere Él que inviertas tus recursos? ¿Cómo desea que le sirvas?

«Porque somos hechura Suya, creados en Cristo Jesús
para hacer buenas obras, las cuales Dios preparó de antemano
para que anduviéramos en ellas». (Ef. 2:10)

3. «Cuando tengas contentamiento, Dios te dará el esposo que tanto anhelas».

Esta es una visión completamente incorrecta del contentamiento, y más importante de quién es Dios. Mira, Dios no es como una máquina dispensadora a la que le doy lo que me pide para que me dé lo que quiero. Además, el contentamiento bíblico no está detrás de un cambio de circunstancias, sino de un cambio de corazón. Como ya hemos hablado en un capítulo anterior, el contentamiento es entender que donde sea que esté, estoy completa en Jesús. Con lo que tenga y lo que no, en Él estoy plena.

No debo buscar el contentamiento para que Dios me dé lo que mi corazón desea. Yo encuentro contentamiento cuando reconozco que Jesús es mi gran tesoro, y entonces estoy bien en Él independientemente de lo que reciba o no.

En medio de tu soltería, puedes estar satisfecha porque esa satisfacción no viene de lo creado sino del Creador.

LA GRACIA QUE NECESITAMOS

Mi querida amiga, la realidad es que no siempre es fácil. Hay días en los que nos dejamos llevar por las mentiras que escuchamos y las que nos dice nuestro propio corazón. Hay días en que duele tanto no tener eso que anhelamos. Hay días en los que dudados de si acaso Dios verdaderamente nos ama, porque ha decidido retener eso que deseamos. Hay días en los que pensamos que no hay esperanza.

Para cada uno de esos días, Su gracia es suficiente. En cada uno de esos días, encontramos un sumo sacerdote que puede compadecerse de nuestro dolor. Encontramos a uno que intercede por nosotras. Encontramos a uno que se acuerda de que somos polvo y nos extiende Su perdón, Su amor y Su fiel consuelo. Corre a Él porque Jesús jamás te echará fuera.

MIS SENTIMIENTOS DE SOLEDAD

Uno de mis más grandes miedos cuando era pequeña era estar sola. Recuerdo que cuando necesitaba ir al baño en la noche y todos estaban durmiendo, prefería cruzar a la habitación de mi mamá que estaba más lejos que el baño para pedirle que me acompañara, y ella me decía: «Ve que yo te estoy mirando». Para mí, saber que ella me miraba me daba un sentido de compañía que me ayudaba a atreverme a ir al baño, aunque luego descubrí que ella volvía y se dormía.

El temor a la soledad no es algo que experimentamos solamente cuando somos pequeñas, porque la realidad es que ninguna de nosotras quiere estar sola, y la soltería es una de esas etapas en las que ese temor se puede ver acrecentado, en la que los sentimientos de soledad se hacen genuinamente presentes.

¿A qué se debe este sentimiento de soledad que a veces experimentamos y qué nos enseña la Biblia sobre él? Necesitamos recordar que la Palabra es nuestra fuente principal de autoridad en todo lo que se refiere a la vida y la piedad, y debemos ir a ella para que sea la que le dé la forma correcta a lo que sentimos y pensamos.

Lo primero que es importante que veamos en la Palabra sobre este tema es las promesas de compañía que el mismo Señor nos hace. Mira estos diferentes pasajes:

> *«Sean firmes y valientes, no teman ni se aterroricen ante ellos, porque el Señor tu Dios es el que va contigo ; no te dejará ni te desamparará».*
> *(Deut. 31:6*

> *«... y ¡recuerden! Yo estoy con ustedes todos los días, hasta el fin del mundo».*
> *(Mat. 28:20)*

> *«Pero el Consolador, el Espíritu Santo, a quien el Padre enviará en Mi nombre, Él les enseñará todas las cosas, y les recordará todo lo que les he dicho». (Juan 14:26)*

No sé si te diste cuenta de algo en estos versículos, y es que ¡en Cristo, tenemos la continua compañía de la Trinidad! Dios Padre nos dice que Él va con nosotras, el Hijo nos promete Su compañía todos los días hasta el fin del mundo y el Espíritu Santo habita en nosotras.

Qué gloriosa verdad. El Dios del universo en Sus tres personas nos promete Su fiel compañía. Pero permíteme decirte algo más: este tema de nuestros sentimientos de soledad no termina ahí con estas gloriosas verdades, porque Dios mismo no lo terminó ahí.

Mira lo que dice Génesis 2:18: «Entonces el SEÑOR Dios dijo: "No es bueno que el hombre esté solo; le haré una ayuda adecuada"». Dios había creado todo, y Su presencia estaba ahí en el huerto con Adán, pero Dios mismo dice que algo no era bueno... algo no estaba bien. El hombre necesitaba compañía que fuera como él.

Dios nos ha dado Su presencia, que es la que le da sentido a todo, pero Él mismo nos diseñó para vivir en comunidad, los unos con los otros, y esta verdad nos deja ver que nuestros sentimientos de soledad en medio de la soltería y de cualquier otra etapa en la que nos encontremos tienen que ver con Dios y también con los demás.

Fíjate, cada uno de los versículos que mencionamos anteriormente en los que Dios nos promete Su compañía fueron dados en plural: «Yo estaré con ustedes», «no teman, sean firmes», «el Consolador les enseñará y les recordará».

Dios nos creó para vivir en comunidad, y esto es tanto así que si no tuviéramos a los demás, no pudiéramos cumplir la mitad de los mandamientos, porque tienen que ver con nuestra relación con el otro. Entonces, otra vez, nuestro sentimiento de soledad tiene que ver con Dios y con los demás.

Ahora, no perdamos esto de vista: tener a Dios es lo que me permite existir y disfrutar de todas las otras cosas. Su compañía es completamente necesaria, y por eso Él nos la promete continuamente. Su presencia misma es la fuente de nuestra plenitud. La presencia de Cristo en cualquier relación es lo que le da el sentido y el propósito, el valor a todas nuestras relaciones, de tal manera que pasan de ser intercambio de información a intercambio de vidas.

Esto es tan así que yo podría estar rodeada de personas pero, si no tengo a Cristo, me voy a sentir vacía y sola porque Él es el pegamento, Él es la sustancia, Él es el que tiene y da Su plenitud. Pero Él mismo ha diseñado que habitemos en comunidad.

Ahora bien, habiendo dejado eso claro, hay algunas razones por las que podríamos estar experimentando sentimientos de soledad, y son razones que van más allá de no tener un esposo. Permíteme compartirte algunas.

1. La primera razón es que genuinamente estamos en situaciones que nos han apartado de otros.

Esto es algo que vemos en nuestro día a día y en la Biblia. En el mismo Salmo 42, encontramos al salmista añorando la comunión con sus hermanos y recordando cómo iba con la multitud en fiesta a adorar a su Dios, pero en ese momento, por diferentes circunstancias, se encontraba lejos de esa vida en comunidad.

Quizás hoy tu compañía es tu comunidad de fe, y por diferentes circunstancias, no estás teniendo un contacto como lo tenías antes, no estás teniendo ese calor de tus hermanos en Cristo. Si estás ahí por cualquier circunstancia, quisiera decirte que te cuides de no ahogarte en tu soledad, y decide hablarte en lugar de escucharte. Recuérdale a tu alma la compañía fiel de tu Señor. Recuérdate que Él nunca te dejará ni te desamparará.

No podemos cambiar nuestras circunstancias pero sí nuestra actitud frente a ellas. Pon tu mirada en las cosas que no se ven, porque esas son eternas (2 Cor. 4:18). Hacer esto nos lleva a ver nuestras circunstancias difíciles como leves y pasajeras y que producen un peso de gloria sin comparación.

2. Puedes que te sientas sola porque te has ensimismado en tu propio mundo. Es increíble el tiempo que nuestra generación pasa en las redes sociales. Hace un tiempo, tuve la oportunidad de compartir una charla con un grupo de jóvenes en edad de colegio, y al preguntar el tiempo que pasaban en sus celulares, fue sorprendente ver que la mayoría pasaba aproximadamente entre cinco y seis horas al día. Lamentablemente, esta es una realidad que puede que no esté muy lejos de la nuestra.

Puede ser que nos estemos sintiendo solas porque, al estar todo el tiempo sumergidas en nuestras redes sociales, tenemos este falso sentido de que estamos conectadas cuando, en realidad, no estamos cultivando relaciones profundas. Muchas hemos hecho de las redes sociales nuestra vida de comunidad y, no me malinterpreten, hay una buena oportunidad ahí para crecer y aprender de otros, pero eso no se compara con las relaciones donde otros me conocen, donde otros pueden llevar mis cargas y ver mi vida de cerca. Necesitamos ser intencionales en cultivar relaciones profundas más allá de nuestras redes sociales.

3. Finalmente, puede ser que nos sintamos solas porque hemos perdido de vista la compañía que tenemos por enfocarnos en la que queremos y no tenemos.

Quizás tengas este sentimiento de soledad porque anhelas un esposo y no llega, por una amiga en particular que ahora está lejos, por la infertilidad que parece no terminar o porque los hijos han dejado el nido vacío. Puede que en medio de estas circunstancias, tus sentimientos de soledad lleguen porque tus ojos están fijos en esas formas de compañía, pero has perdido de vista el regalo de toda una comunidad de fe que Dios ha puesto a tu alrededor, y quizás otros miembros de tu familia con los que no estás siendo intencional en cultivar una relación porque no son exactamente lo que estás buscando.

Si ese es el caso, mi querida amiga, te invito a que confíes en el Señor. Confía en Sus planes para tu vida y sé agradecida por Su provisión que, aunque no haya llegado en la envoltura que tú deseas, llegó con la que es perfectamente adecuada para ti.

Dios nos ha dado Su compañía y nos ha diseñado para vivir en comunidad, y esa unidad que podemos llegar a tener con otros es posible por la obra de Cristo que nos hace completas, que nos da de Su plenitud. Entonces, por lo que Él es y por lo que ha hecho, nosotras podemos habitar junto a otros en unidad y podemos añorar ese día glorioso en el que estaremos todos juntos y Él habitará en medio de nosotros por siempre.

UN LLAMADO A LA PUREZA

Chárbela El Hage

Hay una lucha que todas las mujeres tenemos. No importa la edad o la etapa de vida en la que estés, si eres adolescente, joven adulta, soltera, casada, viuda o divorciada; muchas cristianas luchamos por conseguir o mantener la pureza, y sobre todo, la pureza en la parte sexual en nuestras vidas.

Si hacemos una encuesta a nuestro alrededor, podremos percibir que mucha gente entiende que la conservación de la pureza es algo del pasado. Aun en la iglesia, muchas no entienden lo que abarca la pureza. Piensan que la pureza solo se limita a la abstención de la interacción física, ignorando que la pureza sexual va más allá; tiene que ver con lo que ves, con lo que lees, con lo que hablas, con cómo hablas, con quién hablas, cómo te vistes y todo lo que prácticas, aun en la soledad.

En la sociedad en la que vivimos, la abundancia de inmoralidad nos ha ido insensibilizando a tal punto que nos cuesta distinguir lo moral de lo inmoral, lo obsceno del lenguaje correcto. En el ámbito físico y personal, muchas se han dejado influenciar por la presión de los grupos y la presión de la misma sociedad que te enseña que si no has experimentado nada en el área de la intimidad, eres una mujer «atrasada» o muy «puritana».

Otras, por sus experiencias del pasado, han entendido mal que el tema de la pureza no es para ellas. Piensan que las mascas y los errores del pasado las han colocado en una clasificación espiritual diferente, por lo que hay otras que son mas «puras» que ellas. Para ellas, el tema de la pureza es un tema vedado e imposible de experimentar.

Sin duda, la pureza se ha entendido mal. Virgen o no, casada o soltera, joven o vieja, la pureza es un llamado que Dios hace a Su pueblo.

«Porque esta es la voluntad de Dios: su santificación; es decir, que se abstengan de inmoralidad sexual; que cada uno de ustedes sepa cómo poseer su propio vaso en santificación y honor, no en pasión degradante, como los gentiles que no conocen a Dios. [...] Porque Dios no nos ha llamado a impureza, sino a santificación». (1 Tes. 4:3-5, 7)

Este pasaje lo deja muy claro: que nos alejemos de todo pecado sexual es la voluntad de Dios. Dios nos ha llamado a llevar vidas puras. ¿Es puro ver esta serie? ¿Está mal lo que hago con mi novio? Pasa tus dudas por el cedazo de este versículo y estoy segura de que encontrarás la respuesta.

No nos confundamos. Dios creó el deseo sexual; por lo tanto, no es algo pecaminoso. Fue algo hermoso que Dios creó, pero para ser disfrutado dentro de los confines del matrimonio. Una muestra de eso es el Cantar de los cantares, un libro inspirado por Dios, repleto de poemas dedicados a la relación de disfrute entre los esposos. Pero, como todo lo que el hombre toca lo corrompe, la relación sexual ha sido distorsionada y empañada. Aunque no todo está perdido, ya que Cristo vino a restaurar lo que se dañó en el Edén con la caída. Aquellos que hemos rendido nuestra vida a Él podemos tener un mejor entendimiento de la pureza y de Su guía para conducirnos en este mundo caído como a Él le agrada.

La autora June Hunt, en su libro *Sexual Integrity: Balancing your Passion with Purity* [Integridad sexual: equilibra tu pasión con pureza], hace una comparación muy interesante a la luz de la pureza, entre los personajes José y Sansón. De José, sabemos que fue un hombre que huyó ante la tentación, mientras que Sansón corrió hacia ella. José eligió negarse a sus placeres, mientras que Sansón prefirió permitírselos. José eligió obedecer y agradar a Dios, Sansón prefirió desobedecerlo y agradarse a sí mismo. Si observas tu vida ¿a quién te pareces, a José o a Sansón?, ¿Eres de las que sacan de la casa la televisión buscando huir de la tentación o eres de las que espera que todos se acuesten para entrar a internet en busca de la tentación?

Si quieres parecerte más a José, te es necesario ser controlada por el Espíritu Santo, como dice Gálatas 6:10; que Él sea tu guía:

> «*Digo, pues: anden por el Espíritu, y no cumplirán el deseo de la carne.*
> *Porque el deseo de la carne es contra el Espíritu, y el del Espíritu es*
> *contra la carne, pues estos se oponen el uno al otro, de manera que ustedes*
> *no pueden hacer lo que deseen. Pero si son guiados por el Espíritu,*
> *no están bajo la ley*». *(Gál. 5:16)*

Gálatas, en el versículo 19 de este mismo capítulo, enlista las obras de la carne y dice que son inmoralidad, impureza, sensualidad. Pero el versículo 22 nos dice que el que posee el fruto del Espíritu, puede cultivar amor, gozo, paz, paciencia, dominio propio; contra tales cosas no hay ley. Y en el versículo 24, termina diciendo: «Pues los que son de Cristo Jesús han crucificado la carne con sus pasiones y deseos».

Solo una vida controlada por el Espíritu va a poder recibir las fuerzas para levantarse y ser restaurada de la impureza, y sentir al libertad de vivir en ella.

Vivir una vida de pureza sexual tiene sus beneficios:

Romanos 12:1 nos recuerda que vivir en pureza agrada a Dios: «Por tanto, hermanos, les ruego por las misericordias de Dios que presenten sus cuerpos como sacrificio vivo y santo, aceptable a Dios, que es el culto racional de ustedes».

El Salmo 66:18 nos dice que el pecado en nosotros hace que nuestras oraciones sean estorbadas: «Si observo iniquidad en mi corazón, el Señor no me escuchará».

En 1 Samuel 2:30, Dios nos dice que Él honrará a los que lo honran: «honraré a los que me honran, y los que me desprecian serán tenidos en poco».

«Porque han sido comprados por un precio. Por tanto, glorifiquen a Dios en su cuerpo y en su espíritu, los cuales son de Dios» (1 Cor. 6:20). Otros van a poder ver a Cristo a través de mí. Mi vida rendida a su señorío es de testimonio para los que me observan.

Ciertamente, la pureza sexual no es algo que se logra en un abrir y cerrar de ojos. Nuestra tendencia es al pecado, por lo que se requiere que estemos involucradas activa y constantemente en conseguirla, y eso se logra al purificar nuestros corazones, lo que va a dar como resultado la purificación de nuestras actitudes y actos.

No importa que en el pasado hayas tenido experiencias de impureza. Dios quiere que tengas integridad sexual hoy. Él ya ha ofrecido Su redención y restauración; te toca a ti tomarla y vivirla. Desde hoy, guárdate para aquella persona que Dios tiene reservada para ser tu esposo.

Haz tuyas estas palabras de Gálatas 2:20 y procura vivir una vida de pureza total: «Con Cristo he sido crucificado, y ya no soy yo el que vive, sino que Cristo vive en mí; y la vida que ahora vivo en la carne, la vivo por la fe en el Hijo de Dios, el cual me amó y se entregó a sí mismo por mí».

¿Y QUÉ DEL NOVIAZGO?

Paty Namnún

Hasta ahora, hemos estado hablando de la soltería cuando no hay una pareja involucrada, pero hay otro aspecto que no quisiéramos dejar de tocar, y es el tema del noviazgo, porque si no estás casada, aunque tengas novio, tu estado civil sigue siendo soltera.

La Biblia habla mucho del amor y del matrimonio, pero cuando del tema del noviazgo se trata, nos encontramos con que habla poco o nada del tema. La Biblia nos enseña que «el que halla esposa halla algo bueno, y alcanza el favor del SEÑOR» (Prov. 18:22). Sin duda alguna, el matrimonio (como cada cosa que Dios nos da) es una bendición, pero es importante tener en cuenta que noviazgo y matrimonio no son lo mismo.

Legalmente, una pareja de novios sigue siendo una pareja de solteros. De igual manera lo es delante del Señor. Por ejemplo, la noche antes del matrimonio, si la pareja tiene relaciones sexuales comete un pecado delante de Dios. La noche después, hace algo hermoso que Dios mismo diseñó.

En vista de esta realidad, creemos que el noviazgo es una preparación para el matrimonio, es esa sala de espera donde van pasando algunas cosas que son necesarias para ese objetivo final de la relación matrimonial.

Conócelo. La relación de amistad nos permite conocer a la otra persona solamente hasta un punto. La realidad es que hay cosas del otro que solamente vamos a ir conociendo cuando entremos en una relación amorosa. El matrimonio fue diseñado por Dios para que sea hasta que la muerte nos separe (Mat. 19:3-12) y teniendo esto en mente, es de suma importancia que en la etapa de noviazgo seamos intencionales en conocer lo más que podamos a la persona con la que planeamos pasar el resto de nuestra vida.

Conócete. La cercanía apropiada en una relación de noviazgo me permite también darme cuenta de áreas de mi carácter que necesitan ser trabajadas por el Señor antes de entrar al compromiso del matrimonio. La relación de noviazgo me permite darme cuenta de si tiendo a ser celosa, si dependo de mi novio más de lo que dependo de Dios. El noviazgo es una etapa que Dios puede usar para exprimir el corazón y llevarnos a ver áreas de pecado que quizás no habíamos visto antes. Pídele al Señor que escudriñe tu corazón (Sal. 26:2) y te permita ver en esta etapa áreas de pecado que no habías visto antes.

Prepárense. Antes de llegar al matrimonio, hay decisiones que necesitan tomarse: vivienda, presupuesto, iglesia y cualquier otra decisión importante que pueda tener un impacto en el futuro de la relación. El tiempo de noviazgo sirve como un proceso de preparación en el que, poco a poco, la pareja puede ir poniendo en orden cada uno de estos y otros aspectos.

Una vez más, el propósito del noviazgo es uno de preparación pero, cuidado, no porque quieras tener un novio o porque se presente la oportunidad quiere decir que debes tenerlo. Antes de entrar a una relación de noviazgo, hay algunas preguntas que debes hacerte:

- ¿Cómo está mi madurez espiritual?
- ¿Cómo es mi relación con el Señor?

- ¿Tengo una tendencia a encontrar mi identidad en otras relaciones?
- ¿Estoy lista para entrar a una relación?
- ¿Qué piensan mis padres?
- ¿Qué piensan mis líderes?
- ¿Es esa la persona adecuada para entrar a una relación?
- ¿He buscado consejo antes de entrar a esta relación?
- ¿Cuánto tiempo pasaría para que esta relación pueda llegar al matrimonio?

CÓMO LLEVAR UN NOVIAZGO

Si te ha tocado mudarte de una casa a otra, sabes que la parte de empacar y guardar en cajas que requiere más atención y cuidado son los objetos que pueden romperse y maltratarse con facilidad. Para que esos objetos puedan llegar a su destino y cumplir el propósito para el que los hemos adquirido, necesitamos guardarlos de una manera en la que puedan estar protegidos en medio de todo el movimiento de una mudanza. Si el trabajo previo a empacarlos no se hace de manera cuidadosa y precisa, es muy probable que cuando abramos la caja, nos encontremos con algo roto o maltratado.

La relación de noviazgo es esa parte del proceso que debe llevarse con cuidado de una manera en la que el Señor sea honrado y Sus hijos beneficiados. Aquí tienes algunos puntos importantes sobre cómo debe llevarse esta relación.

Un noviazgo se lleva con otro cristiano. La Palabra nos enseña lo siguiente: «No estén unidos en yugo desigual con los incrédulos, pues ¿qué asociación tienen la justicia y la iniquidad? ¿O qué comunión la luz con las tinieblas? ¿O qué armonía tiene Cristo con Belial? ¿O qué tiene en común un creyente con un incrédulo? ¿O qué acuerdo tiene el templo de Dios con los ídolos? Porque nosotros somos el templo del Dios vivo...» (2 Cor. 6:14-16)

Mi querida amiga, un cristiano no debe entrar en una relación con un no creyente, por más romántico que sea o más bueno que parezca. Dios no se equivoca y Sus mandamientos son para nuestro bien. No existe tal cosa como un noviazgo misionero; no entres a una relación con el objetivo de que él se convierta. Déjale eso al Señor y tú procura honrarlo al no unirte con un no creyente.

Un noviazgo se lleva en pureza. En 1 Corintios 6:18-20, aprendemos: «Huyan de la fornicación. Todos los demás pecados que un hombre comete están fuera del cuerpo, pero el fornicario peca contra su propio cuerpo. ¿O no saben que su cuerpo es templo del Espíritu Santo que está en ustedes, el cual tienen de Dios, y que ustedes no se pertenecen a sí mismos? Porque han sido comprados por un precio. Por tanto, glorifiquen a Dios en su cuerpo y en su espíritu, los cuales son de Dios».

La Palabra nos hace un llamado a la pureza, y en este versículo, vemos cómo nos dice que nos alejemos, que huyamos de la fornicación (la relación sexual fuera del matrimonio, y todo lo que esto implica). El autor Randy Alcorn dice: «El noviazgo es un tiempo para explorar la mente, no el cuerpo».[1]

Si estás en una relación de noviazgo, haz un compromiso con la pureza, y si esta pureza ya se ha visto comprometida, ve en arrepentimiento delante del Señor, tomen medidas drásticas como pareja y busquen una pareja casada madura a la que puedan rendirle cuentas.

Un noviazgo busca crecer. Procuren orar juntos, leer algún libro de contenido cristiano que puedan luego compartir o, mejor aún, pueden desarrollar un plan de lectura de la Palabra y tener conversaciones sobre esto. Mientras más nos acercamos al Señor en cualquier relación, más cerca estaremos el uno del otro y más sana será nuestra relación.

Un noviazgo se lleva con otros. Uno de los peores errores que puede cometer una pareja en un noviazgo es llevar su relación de manera aislada. En el tiempo de preparación de noviazgo, es importante que otros puedan estar involucrados, que amigos puedan salir y compartir con los novios, ver cómo se desenvuelven y ser una voz de alerta cuando algo no esté andando bien. Además, es nuestra recomendación que, en la medida de lo posible, una pareja de novios pueda caminar con otra pareja madura en la fe (idealmente, una pareja casada) que pueda servir de mentora en la relación.

Un noviazgo se lleva a la luz del evangelio. La realidad del evangelio impacta no solamente en nuestro estado como hijos de Dios, sino en toda nuestra vida, incluida nuestra relación de noviazgo. Lleva tu relación de noviazgo en dependencia de la gracia de Jesús, dependiendo de Él para honrarlo, corriendo en busca de Su perdón cuando falles y encontrando toda tu satisfacción solamente en Él, porque solo en Jesús estás completa (Col. 2:10).

---

1. Citado en Namnún, Jairo. «*Sobre el noviazgo cristiano*», 25 de noviembre de 2016. https://www.coalicionporelevangelio.org/entradas/jairo-namnun/sobre-el-noviazgo-cristiano/

EL PROSPECTO DEL MATRIMONIO

Chárbela El Hage

Siempre que nos indican un medicamento nuevo, leemos el prospecto. El prospecto te indica los efectos secundarios que pudieran producirse al beberte ese medicamento. Conocerlos te evita espantos. Por ejemplo, mi esposo tiene que ingerir pastillas para controlar el colesterol. En un momento, comenzaron a dolerle las coyunturas. No nos asustamos, no nos espantamos, no nos intrigamos porque habíamos leído que uno de los efectos secundarios de esta pastilla era dolor en las coyunturas.

Por eso me gusta leerles a las novias el prospecto del matrimonio antes de que den el paso de casarse; al hacerlo, las posibles dolencias del matrimonio no les serán de sorpresa, sino que entrarán a esta etapa con las expectativas correctas.

¿Entonces, qué podría encontrarme al entrar al matrimonio?

Mi esposo puede fallar en hacerme feliz. No me caso para ser feliz; Dios es el único que puede hacerme completamente feliz. Me caso con la finalidad de hacer feliz a la otra persona, y eso en retorno va a ayudar a que mi esposo quiera hacerme feliz a mí. Debo entrar al matrimonio con la decisión firme de amar como 1 Corintios 13 dice que amemos: con un amor que todo lo espera, que todo lo soporta.

Va a llegar el momento en que vas a necesitar perdonar una y otra vez a tu esposo. No sé si lo sabías, pero tu novio es un pecador, y tú también. Eso va a hacer de ustedes un matrimonio imperfecto en el que las heridas aparecerán.

Colosenses 3:13 explica bien lo que se requiere de mí: «soportándose unos a otros y perdonándose unos a otros, si alguien tiene queja contra otro. Como Cristo los perdonó, así también háganlo ustedes».

Ciertamente, tanto mi esposo como yo somos pecadores, pero nuestro Cristo es un gran Salvador. Me toca a mí perdonar como se me ha perdonado. Por eso, también debes otorgar la gracia, la paciencia, la tolerancia y el perdón que tú quieres que se te otorguen.

Vendrán deseos de hacer comparación. Hay un refrán muy conocido que dice que la grama del vecino siempre es más verde que la mía. En nuestra pecaminosidad, tendemos a comparar lo que tenemos con lo que el otro tiene, y eso incluye al esposo.

La comparación expone tu espíritu de queja; por ende, un espíritu ingrato por lo que Dios te ha dado. La comparación expone un espíritu envidioso y codicioso de lo ajeno. Al final, todo esto es una queja contra Dios, el cual te ha dado todo, hasta el esposo. La cura para la queja, la envidia y la codicia es un corazón lleno de agradecimiento, no por las cosas que quizás en verdad le falten a tu esposo, sino por las que sí tiene.

Van a surgir diferencias y dificultades. A dos personas que vengan de hogares distintos, les lleva tiempo alinear sus pensamientos, sus formas. El matrimonio trae consigo diferencias, y las diferencias, tiempos difíciles. Ante esta potencial amenaza de la felicidad de tu matrimonio, elige hacer lo correcto.

Elige tus batallas. Eres su lugar de refugio y no su campo minado. No debes pelear por todo. Hay cosas en las que vas a tener que ceder. Hay cosas con las que vas a tener que aprender a vivir. Dice Proverbios 21:19: «Mejor es habitar en tierra desierta que con una mujer rencillosa y molesta». No por todo se pelea.

Ante las diferencias y dificultades, tu principal recurso es la oración. Por medio de la oración, o Dios cambia la situación, o lo cambia a tu esposo, o te cambia a ti. Muchas tendemos a orar pidiéndole al Señor que cambie a nuestro esposo. Animo a que revises si hiciste todo lo que te tocaba hacer para contribuir en el cambio de la situación, y luego entonces puedes orar al Señor con la conciencia tranquila de que has hecho todo lo que estaba en tus manos, y pedirle que lo cambie a él.

Puede que haya momentos en que el amor se apaga. Creo que todas las que estamos casadas podemos afirmar que el sentimiento de amor en el primer año no es el mismo que sentimos en el quinto ni en el número quince. El sentimiento debería ir madurando y, con el tiempo, va dejando de ser un amor romántico para convertirse en un amor más comprometido con la persona que con las emociones que se experimentan o las circunstancias.

Lo que más nos debe motivar a seguir amando es el amor al pacto: la promesa que le hice a Dios en el altar de amar a esa persona, independientemente de la situación. Por eso es que decimos: «en la pobreza o en la riqueza, en la salud o en la enfermedad». Solo el amor a Dios y el respeto a ese pacto es lo que te va a dar las fuerzas para cumplir tu palabra cuando tu carne te dice lo contrario.

Por último, sin obediencia no hay bendición. Claramente en Su Palabra, el Señor le pide a la esposa que respete a su esposo (Ef. 5:33). Él es la autoridad que Dios en Su diseño ha puesto sobre mí. Su diseño no se equivoca, Su diseño trae la verdadera satisfacción. Así que, si quieres ser bendecida en esta relación matrimonial, debes obedecer Sus mandatos y vivir Su diseño. El diseño de Dios para el matrimonio conlleva que yo me someta. El esposo es un líder, un capitán del barco; dale el espacio. A veces, las esposas estamos sentadas en el puesto que al esposo le corresponde y nos quejamos porque él no toma el mando. El diseño de Dios no se equivoca. Él nos ha dicho que nos sometamos a nuestros maridos porque al final, es una sumisión que le debemos a Él, a nuestro Señor (Ef. 5:22-23).

Como te dije al principio, tener las expectativas correctas antes de entrar al matrimonio puede ser de mucha ayuda. Todas estas cosas enlistadas anteriormente las he visto en mi matrimonio y en el de alguna de mis amigas en la fe. Aunque parecen situaciones difíciles, el miedo y el desánimo no deben llenar tu corazón. Una mujer comprometida con Dios será llena de sabiduría de lo alto en caso de que tenga que enfrentar cualquier situación. Al final, Dios, en Su fidelidad, te ayudará en cada paso del camino si te sometes a Él.

Conclusión

Una vida de la Biblia a la vida es una de cara a Cristo. Definitivamente, Dios nos llama a honrarlo en toda nuestra manera de vivir, pero Él no está detrás de una honra momentánea y luego una vida lejos de Él.

Nuestras vidas deben ser un reflejo de un caminar en el Señor, de un habitar en Su presencia y en Su Palabra. Por la gracia de Dios, en medio de toda esta realidad Él nos ha provisto de todo lo que necesitamos para vivir de esta manera:

> *Pues Su divino poder nos ha concedido todo cuanto concierne a la vida y a la piedad, mediante el verdadero conocimiento de Aquel que nos llamó por Su gloria y excelencia. Por ellas Él nos ha concedido Sus preciosas y maravillosas promesas... (2 Ped. 1:3-4)*

Su divino poder nos lleva a una vida de piedad. Esto no es algo que podamos conseguir en nuestras propias fuerzas; necesitamos del poder divino para vivir de una manera agradable a Él. Esto no quiere decir que debemos ser pasivas. La misma Biblia nos llama a buscar la santidad (Heb. 12:14) y a cuidar nuestra salvación (Fil. 2:12) pero sí quiere decir que necesitamos hacerlo descansando en Su poder y no en el nuestro.

John Piper declaró: «La fe cristiana no es meramente un grupo de doctrinas a ser aceptadas. Es poder que debe ser vivido»[1]. Ese poder que estamos llamadas a experimentar para una vida de piedad le ha sido concedido a todo aquel que ha puesto su fe en Jesús.

En Su incomparable poder, Dios nos ha concedido salvación y nos ha hecho libres en Cristo del dominio del pecado en nuestras vidas. Además, habiendo triunfado sobre el pecado y después de levantarse de entre los muertos, Jesús nos ha dado Su Espíritu Santo que nos acompaña en todo tiempo, nos ha dado Su Palabra, Su persona y Su gracia, e intercede por nosotras. Cristo es nuestro Abogado frente al Padre y nos perdona cuando no vivimos conforme a Él.

---

1. Piper, John. *Liberating Promises*. 25 de abril de 1982. https://www.desiringgod.org/messages/liberating-promises

Ese divino poder se hace activo en nosotras mediante el conocimiento de Aquel que nos llamó, el conocimiento de Dios y Sus preciosas y maravillosas promesas. Una vida de piedad, un caminar de la Biblia a la vida, viene a nosotras cuando conocemos y ponemos nuestra confianza en Dios y Sus promesas.

Mi querida amiga, hay poder de Dios cuando decides creer y aferrarte a Sus promesas de que Sus mandamientos son para nuestro bien (Sal. 40:4) en lugar de buscar supuesta felicidad siendo infiel en tu matrimonio.

Hay poder de Dios cuando, en medio de tu ansiedad, decides creer y confiar en la promesa de que puedes echar todas tus ansiedades delante de Jesús porque Él tiene cuidado de ti.

Hay poder de Dios cuando te encuentras sintiéndote insatisfecha en medio de tu soltería y decides confiar en que Dios sabe más y obra con propósito en cada circunstancia y temporada de nuestra vida.

Una vida de la Biblia a la vida requiere poder que viene de lo alto, y ese poder le ha sido garantizado a todo aquel que está en Cristo. El poder que levantó a Cristo de entre los muertos habita en ti (Ef. 1:20). Las promesas de Dios para esta vida y la venidera en Jesús son sí y amén (2 Cor. 1:20), y la libertad que necesitas para obedecer Su Palabra como una respuesta de adoración a Él te ha sido garantizada en la cruz del Calvario y la gloriosa realidad de la tumba vacía.

Tenemos un llamado a vivir de cara a Dios, a llevar vidas que lo honren, pero gracias a Dios, una vida como esta no depende de nuestro poder sino del Suyo, y ese poder está disponible para ti hoy.

Que el Señor nos ayude a caminar de la Biblia a la vida con los ojos puestos en Él.

Apéndice

¿PROHÍBE LA BIBLIA EL USO DE MAQUILLAJE?

Respecto al tema del uso de maquillaje en una mujer cristiana, podríamos encontrarnos con dos grupos: uno que piensa que es pecado que una creyente use maquillaje y otro que piensa que no hay problema.

Con el grupo que piensa que es pecado, vemos que el pasaje que usualmente se usa para defender esta postura es el siguiente: «Que el adorno de ustedes no sea el externo: peinados ostentosos, joyas de oro o vestidos lujosos, sino que sea lo que procede de lo íntimo del corazón, con el adorno incorruptible de un espíritu tierno y sereno, lo cual es precioso delante de Dios» (1 Ped. 3:3-4).

El problema con usar este pasaje para prohibir el uso de maquillaje o las joyas es que hacer esto es usar el pasaje fuera de su contexto, y por lo tanto, con una interpretación incorrecta. Antes de que Pedro hablara de que el adorno de la mujer no debe ser el externo, hizo un llamado a que las mujeres se sometieran a sus maridos, y luego, pasó a hablarle a un grupo específico de mujeres: aquellas que están casadas con maridos no creyentes.

«Asimismo ustedes, mujeres, estén sujetas a sus maridos,
de modo que si algunos de ellos son desobedientes a la palabra,
puedan ser ganados sin palabra alguna por la conducta de sus mujeres
al observar ellos su conducta casta y respetuosa». (1 Ped. 3:1-2)

Entonces, Pedro les está diciendo aquí que la manera de ganar a estos maridos es a través de su conducta, que su manera de vivir sea lo que gane a estos esposos para Cristo. En ese contexto es que él les dice que su adorno no sea el externo. Es decir, lo que va a impactar la vida de estos esposos no es el adorno externo, no es la vestimenta, no son las joyas, no es el maquillaje, es el adorno del corazón, el espíritu tierno y sereno.

No podemos decir que el maquillaje es pecado porque la Biblia no lo llama pecado. Ahora bien, si una mujer ha decidido por su consciencia o por convicciones personales delante de Dios no usar maquillaje, yo, que entiendo que no hay ningún problema con su uso, no debo juzgarla por eso. Al igual que aquella que por convicción no lo usa no debe juzgar a la que sí lo hace porque, una vez más, no puedo llamar pecado a lo que Dios no lo hace.

Ahora bien, debemos tomar en cuenta que, aunque el uso de maquillaje no es pecado, yo puedo volverlo pecado para mi vida. Necesitamos examinar por qué hacemos lo que hacemos y eso incluye la manera en la que nos adornamos.

Debemos preguntarnos cuál es la motivación de nuestro corazón o si estamos encontrando nuestra identidad ahí. ¿Qué pasa cuando no puedo maquillarme? ¿Estoy buscando provocar algo en el otro?

Debemos hacer estas preguntas porque nuestro deseo debe ser que todo lo que hagamos sea hecho para la gloria de Dios. Todo, incluido nuestro uso de maquillaje, debe ser hecho de una manera que agrade a Él.

No debemos olvidar que ciertamente lo que es hermoso delante de Dios es nuestro corazón, que Dios no mira lo externo sino la condición de nuestro interior. La mujer que será alabada es la que teme al Señor, no la que mejor luzca físicamente o la que menos maquillaje tenga.

La Biblia no llama al uso de maquillaje pecado pero, como en todo, debemos cuidar nuestro corazón en el uso o no uso de este.

¿PUEDE UNA MUJER CRISTIANA USAR PANTALONES?

Algunos han entendido que la Biblia hace una prohibición a las mujeres en el uso de pantalones. Mucho de esta idea viene de un pasaje de Deuteronomio 22:5, que dice lo siguiente: «La mujer no vestirá ropa de hombre, ni el hombre se pondrá ropa de mujer; porque cualquiera que hace esto es abominación al Señor tu Dios».

Una de las primeras cosas que podríamos decir sobre esto es que, en la manera de vestir de esta época, ni los hombres ni las mujeres usaban pantalones; es decir, este pasaje no aludía a lo que nosotras conocemos como pantalones hoy.

Ahora bien, algo que sí podemos ver en este pasaje es la intención de Dios de que el hombre luzca como hombre y la mujer como mujer, y esta es una distinción que, aunque involucra la vestimenta, va mucho más allá. Una mujer puede usar pantalones y aun así verse femenina.

Bíblicamente, el uso de pantalones no es algo que la Biblia prohíbe; y una vez más, lo que la Biblia no prohíbe y no llama pecado, nosotras no podemos hacerlo tampoco. Ahora bien, algo que sí necesitamos considerar es la sensibilidad al otro. Si voy a una iglesia en donde entienden que la mujer no debe usar pantalones, yo debo ser sensible a eso y, si voy de visita, no usarlos. Eso no implica que vamos a cambiar la verdad, pero sí podemos evitar ser piedra de tropiezo y podemos respetar esa manera de pensar hasta que Dios mismo se encargue de iluminar esa área a través de Su Palabra.

Como seguidoras de Jesús, la ley del amor por el otro es lo que debe dominar nuestros corazones, y el amor está dispuesto a incomodarse por el otro; claro, siempre y cuando lo que me lleve a hacer no deshonre el nombre del Señor.

¿ES PECADO LA CIRUGÍA PLÁSTICA?

En una generación en la que la idolatría al cuerpo se ve más presente que nunca, a muchos les surge la pregunta de si la cirugía plástica es algo pecaminoso delante de Dios, y la realidad es que este es un tema en el que necesitamos aplicar discernimiento.

Desarrollar discernimiento con relación al tema de la cirugía plástica requiere entender, con mente y corazón, que nuestros cuerpos nos fueron dados para glorificar a Dios. Eso implica que no idolatremos el cuerpo, y que lo que hagamos con él evidencie que Dios es mucho más preciado para nosotras que nuestro cuerpo.

El apóstol Pablo nos dice lo siguiente: «Conforme a mi anhelo y esperanza de que en nada seré avergonzado, sino que con toda confianza, aun ahora, como siempre, Cristo será exaltado en mi cuerpo, ya sea por vida o por muerte» (Fil. 1:20). Pablo nos muestra que su deseo es que su cuerpo sea un instrumento para engrandecer el nombre de Cristo mientras viva, y aun cuando muera, su deseo es que la gente pueda reconocer que su tesoro es Cristo, y no su cuerpo.

En todo lo que hagamos o dejemos de hacer, necesitamos tener en mente que nuestros cuerpos no nos pertenecen y, por lo tanto, debemos usarlos de una manera agradable a Aquel que los formó (Sal. 139:13-14), demostrando con nuestras acciones que Dios, y no nuestra imagen física, está en el trono.

En ningún lado de las Escrituras podríamos encontrar un texto que aluda a que una cirugía plástica es pecado, y aquello a lo que la Biblia no llama pecado, nosotros tampoco debemos hacerlo. Ahora bien, no debes suponer que un supuesto silencio bíblico respecto a este tipo de operaciones te da luz verde para hacerte un aumento de busto o una modificación en tu nariz. Aunque la Biblia no nos dice que la cirugía plástica sea pecado, sí nos da algunos principios que necesitamos tomar en cuenta a la hora de tomar una decisión tan importante para alterar nuestro cuerpo. Aquí tienes algunas preguntas que pueden ayudarte a discernir frente a la decisión de una cirugía plástica:

1. ¿Cuál es la motivación de mi corazón? En oración, pídele a Dios que te examine y te muestre qué te está motivando, y procura someter tu voluntad a la de Él y no a tus propios deseos.

2. ¿Qué pasaría dentro de mí si no logro hacerme esta cirugía? ¿Estaría tranquila o me llenaría de ansiedad? Necesitamos recordar que todo aquello que ocupe el lugar de Dios en nuestras vidas es pecado para nosotras, por más inocente que parezca (Deut. 6:13).

3. ¿Soy consciente de los riesgos médicos de estas cirugías?

4. ¿Esta cirugía tiene la intención de reparar alguna malformación o es para cambiar algo de mi cuerpo que no me gusta?

5. ¿Qué piensa mi iglesia sobre este tema? Antes de tomar una decisión como una cirugía plástica, necesitamos hablar con algunos de nuestros pastores y líderes para conocer su posición y pedirles que nos ayuden a examinar nuestros corazones.

6. Si estás casada o vives con tus padres, ¿qué piensan ellos al respecto?

7. ¿Esta cirugía es una forma sabia de invertir los recursos que Dios me ha dado?

Procuremos invertir todo lo que somos, por encima de cualquier cosa, en que la imagen del Señor sea cada vez más visible en nosotras, porque «engañosa es la gracia y vana la belleza, pero la mujer que teme al Señor, esa será alabada» (Prov. 31:30).

¿FEMINISTA YO?

En estos últimos días, una buena amiga de la fe me dijo: «Yo soy feminista». Como sé que ella es una mujer piadosa, pude confirmar mi sospecha de que no toda mujer cristiana entiende en su totalidad el concepto del feminismo. Sin duda, esta corriente ha permeado nuestra cultura, nuestros valores, nuestros sistemas educativos y en muchos casos, hasta nuestras iglesias, al punto de que muchas de nosotras dentro de la iglesia, sin darnos cuenta, hemos abrazado pensamientos y prácticas marcadas por este movimiento.

Mira cómo luce nuestro inconsciente abrazo a este movimiento. Por ejemplo, no se atesora la pureza sexual, porque se entiende que cada uno es libre de hacer lo que quiera con su cuerpo. En el matrimonio, la mujer no quiere estar sujeta al esposo. Muchas no quieren tener hijos por miedo a no poder ejercer su profesión, o dañar su cuerpo y perder su libertad. Si te sientes identificada con alguno de estos pensamientos, has abrazado de forma inconsciente ideas feministas. Déjame explicarte un poco mejor en qué consiste este movimiento.

El feminismo no es más que la ideología que entiende que las mujeres deben tener los mismos derechos que los hombres. Así fue como nació, así fue como se vendió en un principio. A ninguna de nosotras, que estamos familiarizadas con el relato del Génesis, nos choca esa afirmación de igualdad de valores; todo lo contrario, la defendemos.

El hombre, en su pecaminosidad y en su fracaso de ejercer su don de liderazgo de forma amorosa, lideró de manera abusiva y, por ende, pecaminosa, quitándole a la mujer derechos legítimos, como el derecho a ir a una universidad y obtener un título, a ejercer el voto para elegir un presidente, a obtener una propiedad inmobiliaria a su nombre; derechos cuya carencia la oprimía. Derechos que enarbolan una igualdad entre ambos sexos, derechos que, de tener que defenderlos, todas nosotras deberíamos hacerlo. Pero con el tiempo, esta lucha por la igualdad en valor se fue degenerando y ya no se luchaba por igualdad en valor sino por igualdad de roles. Ahora, el movimiento feminista radical, el cual dista mucho del movimiento feminista del principio, no lucha por la igualdad de valor sino por la igualdad en roles, queriendo así destruir todo lo que la Biblia ha enseñado acerca de lo que le corresponde al hombre y a la mujer, y ahí no podemos estar de acuerdo. Mira aquí algunas de las ideas principales de este movimiento, y cómo difieren del diseño de Dios.

Las feministas entienden que la felicidad y el propósito de la mujer se experimentan al lograr la independencia del hombre, al vivir de una forma autónoma. Eso implica no someterse a nada ni a nadie. Pensaban que la mujer debía ser liberada, y esa liberación abarcaba su rol de esposa y madre, ya que, supuestamente, ambos roles son opresivos.

Pero para la mujer que ama y quiere obedecer a Dios, la libertad luce de otra forma. En Juan 8:32, nuestro Señor Jesús dijo: «Y conocerán la verdad, y la verdad los hará libres», y según Juan 14:6, Él es «Y el camino, la verdad y la vida». Cristo es la verdad. Así que conocerlo a Él y seguir y obedecer Su voluntad plasmada en Su Palabra es lo que verdaderamente nos hará sentir libres. La Biblia nos enseña que los roles no son ni opresivos ni inferiores el uno del otro. Solo han sido diseñados para que la unión entre estos dos seres de igual valor los deje vivir en armonía.

Las feministas protestan al decir que la Biblia les ha otorgado un rol que, a su entender, puede ser catalogado «de segunda clase», haciendo alusión al rol de ayuda idónea. Consideran su rol como algo de menor valor, como si Dios hubiese colocado a las mujeres en una posición de inferioridad en cuanto al hombre. Pero Dios dice en Génesis 1:27 que (1) somos de igual valor por ser creados a la imagen de Dios y (2) somos distintos en diseño.

Las feministas reclaman que la jerarquía debe de ser anulada. Dicen: «La jerarquía es opresiva». Por lo que, en la práctica, el hombre o la mujer indistintamente pueden ejercer roles de liderazgo en el hogar y en la iglesia. Pero el sometimiento de la mujer al hombre y del hombre al Señor fue idea de Dios (Ef. 5:22-23). La jerarquía ayuda al orden y al buen funcionamiento de las tareas.

Recuerda el mandato de nuestro Señor a través de Pablo y su carta a los romanos: «Y no se adapten a este mundo, sino transfórmense mediante la renovación de su mente, para que verifiquen cuál es la voluntad de Dios: lo que es bueno y aceptable y perfecto» (Rom. 12:2).

Mi oración para ti, amada hermana, es que en cada palabra que salga de tu boca, en cada acción que realices, en cada pensamiento que esté en tu mente, tu motivación sea ejecutar con excelencia los roles y llamados que Dios ha orquestado para ti. Que puedas reflejar Su imagen con tu diseño único y singular de mujer.

CÓMO VESTIRNOS SIN SENSUALIDAD

¿Te gustaría ser material pornográfico para un hombre? No te alarmes ante mi pregunta, aunque quizás, sin saberlo, ya lo has sido.

Si buscas en el diccionario el significado de la palabra *pornografía*, encontrarás que se define como todo aquello que te excite sexualmente. Si tu atuendo es un estímulo sexual para el hombre, entonces tu atuendo es pornográfico. Estás siendo instrumento de Satanás para llevar pornografía, deseos lujuriosos a la mente de ese hombre. Y por ese impacto de mi vestir en la mente del hombre es que yo digo que muchas al vestirse se han constituido en material lujurioso para los hombres.

Pero muchas no lo hacen de forma intencional, sino por ignorancia. La mujer no ha entendido cómo funciona la mente del hombre y ha minimizado el impacto visual que tiene en ellos nuestro atuendo ajustado o revelador. Los hombres son estimulados sexualmente por los ojos y nosotras por el oído. Es por esa realidad que nuestra forma de vestir es tan crucial.

Muchas pasan de la ignorancia a la rebeldía. La rebeldía es faltar a la obediencia debida, es presentar resistencia. Muchas con su vestir están elevando en silencio una voz que dice: «Yo me pongo lo que quiero, porque a mí nadie me tiene que decir lo que es correcto».

Recuerdo una vez que un pastor decía que tu apariencia externa es una muestra del estado de tu corazón. Y eso es una verdad bíblica, porque según Mateo 15:19, del corazón es que salen los malos pensamientos, las fornicaciones, los adulterios, la sensualidad, maldades que salen de su interior y contaminan al hombre.

Tu forma de vestir evidencia un problema en el corazón. Muchas buscan con su atuendo ese sentido de aprobación que se experimenta cuando una persona del sexo opuesto te ve de una forma que te hace sentir deseada. Cuando usas tu ropa para llamar la atención de los hombres, te conviertes en esa mujer de Proverbios 7 que seducía al joven falto de juicio. Se dice de ella que vestía como ramera y que era astuta de corazón. Esta era la representación de una mujer inmoral, que usaba su vestimenta para atrapar a este joven. Muchas de nosotras hemos usado un criterio similar a la hora de elegir nuestra ropa.

Terminamos escogiendo atuendos sensuales, no para un pago metálico como una prostituta, pero sí para un pago emocional como podría ser la aprobación y admiración del sexo opuesto, o por entrar en esa competencia de poder con la belleza que tienen algunas mujeres. Al final, es un deseo de nuestro corazón de sentirnos deseadas y apreciadas.

El uso de la sensualidad como mecanismo para llamar la atención habla claramente del estado de mi corazón y me informa quién está en el trono de mi vida, cuál es la prioridad de mi corazón, cuáles son mis anhelos, los deseos con los que yo me satisfago. Además, implica agradarme a mí en vez de agradar a Dios.

Pero la Palabra de Dios nos informa cómo debe ser nuestra vestimenta: con decoro, pudor y modestia. Es un llamado a la mujer a vestir bonita, pero con componentes piadosos. Estas tres palabras son vitales de entender. Decoro es decencia, pudor es evitar todo lo que cause vergüenza. Modestia habla de vestirse sin llamar la atención, sin vanidad y evitando los extremos.

Si has fallado en tu motivación al vestir, solo debes pedirle perdón a Dios y comenzar a caminar de una forma que le traiga gloria y gozo a Él. Pídele que te dé ojos para ver cómo Él ve. Que a lo que Él llama impuro e inmoral, tú comiences a llamarlo así. No cedas a las presiones externas. Pídele a Dios que tu anhelo sea buscar Su aprobación y no la de los que te rodean.

Se cuenta la historia de un hombre joven que estudió violín bajo la tutela de un maestro de fama mundial. En su primer recital, luego de tocar cada pieza, el joven recibía aplausos y ovaciones de su público, pero aun así, no se sentía satisfecho, ni se veía felicidad en su rostro. Luego de la última pieza, y con los aplausos más fuertes que nunca, el joven se mantenía mirando a un anciano que estaba sentado en el balcón. Finalmente, el anciano sonrió y movió su cabeza en señal de aprobación, e inmediatamente el joven artista se llenó de alegría. ¡El anciano era su maestro! El aplauso de la multitud no significó nada hasta que obtuvo la aprobación de su maestro. Ese es mi deseo para toda mujer: que, al elegir cómo vestirse, la aprobación y la ovación del mundo no signifiquen nada, hasta obtener la aprobación de su supremo Señor.

Tu identidad y la mía no están en lo que hacemos o en cómo nos vemos: están en Cristo y Su obra redentora a nuestro favor.

¿PUEDE UNA MADRE EN ETAPA DE CRIANZA TRABAJAR FUERA DEL HOGAR?

Cuando he ido a las tiendas en busca de ropa, me he percatado de que hay algunas vestimentas catalogadas como «talla única». Como quería saber qué significa, le pregunté a los empleados y me dijeron que es una prenda hecha para todo tamaño de cuerpo. Es una pieza fabricada con un tipo de tela que expande y se ajusta a cualquier talla. Me gusta el nombre en inglés, *one size fits all*, es decir, un tamaño les sirve a todos.

A la pregunta de si una madre en etapa de crianza puede trabajar fuera del hogar, sé que muchos quisieran darle una respuesta de «talla única», o una respuesta que les sirva todos. Pero en este mundo caído, las cosas no funcionan como idealmente deberían funcionar. A esta pregunta, hay que buscarle varias tallas.

Lo primero que debemos entender es la crianza. En Deuteronomio 6:6-7, Dios deja claro que la crianza es un trabajo delegado a los padres que amerita instrucción incesante, la cual es difícil de aplicar si no hay una presencia constante. La etapa de crianza es la etapa de las oportunidades.

Sabemos que lo ideal es que toda madre en etapa de crianza esté con sus hijos, pero la realidad de este mundo caído, con personas caídas, no nos permite ajustarnos a este ideal. Aun así, pienso que hay razones legítimas o ilegítimas para ausentarse en la etapa de crianza de los hijos.

Una primera razón pudiera ser la ignorancia al mandato bíblico de la responsabilidad del involucramiento directo de los padres en la crianza. Pero aun sabiendo este mandato, por la realidad económica en la que nos toca vivir, hay necesidades típicas de una vida digna, no lujosa, que implican que la madre tenga que salir a trabajar: acceso a un nivel aceptable de salud y educación, por ejemplo. Aun así, la mujer debe pedirle ayuda a Dios para idear formas creativas en las que pueda ser productiva dentro de su casa, como la mujer de Proverbios 31. Pero si no las encuentra y necesita ayudar con el sustento, deberá pedir doble porción de sabiduría y gracia de nuestro Señor para poder formar el carácter de su hijo.

Sin embargo, hay razones ilegítimas que llevan a una madre a delegar a otro el cuidado y la crianza de sus hijos. Y este ya es un asunto del corazón, y la Biblia dice que él es engañoso (Jer. 17:9). Por eso, mis motivaciones se pueden disfrazar de piedad y sacarme de mi casa sin ser necesario.

Otra área a revisar es el grado de contentamiento con lo que tengo. En 1 Timoteo 6:6-10, Pablo se extiende hablando al respecto, y quisiera citar el comentario de William MacDonald sobre este versículo, que entiendo no puede ser más preciso:

> «*El contentamiento reside en estar satisfecho con las necesidades básicas de la vida. El cristiano debería buscar primero el reino de Dios y Su justicia, y Dios se ocupará de que no le falten las cosas básicas de la vida. Desear enriquecerse conduce a los hombres a la tentación. Este deseo se vuelve tan intenso que uno no se puede librar de él. Quizá se promete que cuando llegue a una cierta cantidad en la cuenta bancaria, se detendrá. Pero no puede. Cuando llega a aquella meta, desea más.*
>
> *«El anhelo de conseguir dinero también trae consigo ansiedades y temores que atan el alma. La gente que se decide a enriquecerse cae en muchas codicias necias. Existe el deseo de "ser como los vecinos". Para mantener un nivel social en la comunidad, se ven llevados a sacrificar algunos de los valores realmente valiosos de la vida*»[1].

No está mal aspirar a una mejor calidad de vida. La pregunta sería qué estás sacrificando para obtenerla. Mira tu esfuerzo y tu tiempo en la casa como el privilegio que Dios te ha dado de cultivar personalmente esas «plantas», tomando en cuenta que la grosura de esos frutos no los verás inmediatamente. En otra etapa de la vida de tus hijos, habrá tiempo para salir de tu casa a trabajar si así lo entiendes, pero ahora, Dios te ha encomendado una tarea con tus hijos, por lo que te pido que, en oración, evalúes las motivaciones de tu corazón y analices si en esta etapa de crianza estás yendo a trabajar en busca de una vida «digna» o de una vida «lujosa».

La Palabra nos enseña que, si Dios no escatimó aun a Su propio Hijo, ¿cómo no nos dará también con Él todas las cosas? Nuestra mayor necesidad fue cubierta en la cruz del Calvario. Ya que es así, en Él podemos encontrar la sabiduría, la gracia, el amor y la provisión que necesitamos en el regalo de esta etapa, sea cual sea la talla que debamos vestir.

¿PUEDO JUZGAR?

En una conferencia de pastores en Spokane, Washington, Chuck Swindoll habló de una experiencia que tuvo en un campamento cristiano de

---

1. MacDonald, William. *Comentario Bíblico de William MacDonald: Antiguo Testamento Y Nuevo Testamento* (Barcelona, España: Editorial CLIE, 2004), pág. 959.

California. El primer día allí, un hombre se le acercó y le dijo cuánto había esperado escuchar hablar al Dr. Swindoll, y lo alegre que estaba de cumplir ese deseo. Esa noche, Swindoll notó al hombre sentado cerca del frente. Pero solo unos minutos después de que empezara el mensaje, el hombre estaba profundamente dormido. Swindoll pensó que tal vez estaba cansado después de un largo día de viaje y no pudo evitarlo. Pero lo mismo sucedió las siguientes noches, y el Dr. Swindoll descubrió que su exasperación con el hombre iba en aumento.

La última noche, la esposa del hombre se acercó y se disculpó por la falta de atención de su esposo a los mensajes. Luego explicó que recientemente le habían diagnosticado cáncer terminal y que la medicación que estaba tomando para aliviar el dolor le producía mucho sueño. Pero una de sus ambiciones de toda la vida había sido escuchar hablar al Dr. Swindoll antes de morir, y ahora había cumplido ese objetivo.

Me imagino todas las cosas que le pasaron por la mente al pastor Swindoll. Desde: «Mis sermones son aburridos» hasta «Este hombre solo vino para conocer y acercarse a alguien famoso». «Qué falta de respeto hacia mí como predicador. Que desconsideración». Me lo imagino porque muchas veces yo he pecado al emitir juicios.

La Palabra de Dios no nos prohíbe emitir un juicio. Lo que pasa es que nos presenta un reto al emitirlo y es este: «hacerlo justamente», y eso no es nada fácil. Así lo dice Juan 7:24: «No juzguen por la apariencia, sino juzguen con juicio justo».

El diccionario define «enjuiciar» como la facultad del entendimiento por cuya virtud el hombre puede distinguir el bien del mal y lo verdadero de lo falso. Hacer esa constante distinción es parte del día a día de nosotros los humanos, por lo que podemos decir que ya sea externamente o internamente, siempre estamos emitiendo un «juicio».

De hecho, es la misma Palabra la que nos ordena hacerlo, cuando en 1 Tesalonicenses 5:21 se nos llama a examinar todo cuidadosamente, reteniendo lo bueno. La pregunta que nos debemos hacer es si, en esta práctica constante de examinar y enjuiciar al elegir lo bueno, estamos siendo justas, es decir, estamos actuando de forma equitativa, razonable e imparcial, sin exageraciones, como Jesús lo hizo. De hecho, fue Él mismo quien exhortó a los discípulos a cuidarse de los falsos maestros (Mat. 7, 24 Mar. 13).

El apóstol Pablo también siguió su ejemplo, y en la carta a la iglesia de Corinto, mandó a expulsar al hombre que vivía con su madrastra (1 Cor. 5), dictando así un veredicto sobre esa persona. También muestra su juicio contra los falsos maestros; lo vemos cuando en casi todas sus cartas, exhorta a la iglesia a cuidarse de ellos y de su mala doctrina. El apóstol Pedro también emitió un juicio sobre aquellos que se querían enriquecer usando el evangelio (2 Ped. 2).

Al leer, quizás te preguntes qué hacer con el texto que dice: «No juzguen para que no sean juzgados» (Mat. 7:1). Siempre debemos recordar que un texto fuera de contexto puede usarse como un pretexto. La cura para esto es siempre leer el contexto. Es en este mismo capítulo en donde Jesús aconseja no arrojar perlas a los cerdos, eso fue un juicio.

Si quieres hacer un juicio justo, debes tener esto presente. Lo primero es que debes juzgar no en base a tus estándares, porque están corrompidos por el pecado. El estándar siempre debe ser la Palabra de Dios.

Lo segundo y muy importante es hacer un juicio en base a hechos y no a suposiciones. Nunca juzgar preferencias, formas o gustos, sino doctrina; doctrina expuesta claramente en la Biblia. Fijémonos que para todo esto, la Palabra de Dios es nuestra guía, nuestro estándar. Es ella quien llama por su nombre al pecado, no nosotras.

Una vez alguien dijo que, cuando veas a un hermano en pecado, hay dos cosas que no sabes: primero, no sabes qué tan esforzadamente trató de no caer en ese pecado. Y segundo, no sabes qué tan fuerte fue la tentación que vino sobre él. Tampoco sabemos qué hubiésemos hecho nosotras si hubiéramos estado en las mismas circunstancias.

Es por eso que la misma gracia y paciencia que fueron derramadas sobre nosotras por Cristo Jesús deben ser derramadas sobre mi prójimo. Cuando señalo algo, no debe ser solo para hacerle sentir al otro el peso de su pecado, sino para que sus ojos sean abiertos a cosas que quizás no se ven, y para que esa persona pueda seguir caminando en busca de crecer en santidad.

Nuestra motivación siempre debe ser la de restaurar al hermano, y la forma es con un espíritu humilde, como nos exhorta Gálatas 6:1.